Psychologie des foules
群体心理研究

〔法〕古斯塔夫·勒庞（Gustave Le Bon） 著

刘芳 译

作者序言

我们在前一本著作[①]里描述了族群（race）的本质。现在我们要研究群体的本质。

遗传赋予一个族群里的每一个个体某些共同特征，这些特征的总和构成了这个族群的本质。然而观察显示，当一定数量的个体为了某种行动而集结成群蠢蠢欲动时，仅仅是集聚这一事实，就已显现出他们具有一些新的心理特征。这些新特征叠加在族群特征之上，有时又与之截然不同。

有组织的群体在民族生活中总是扮演重要角色，但从来没有像今天那样重要过。群体的无意识行动，取代了个体的有意识行为，这已是现今最主要的特点之一。

[①] 即《各民族进化的心理学规律》（*Les Lois Psychologiques de l'Évolution des Peuples*），1894年出版，勒庞第一本畅销的社会科学方面的著作。在该书中，勒庞把达尔文的进化论从生理学层面发展到心理学层面。下文作者提及"前一本著作"时，一般即指此书。——译者注

我尝试采用纯科学的方法来研究群体所产生的棘手问题，即设法采用一种方法，将成见、理论和学派置于一边。我相信，这也是唯一能让我们挖掘出一丝真相的方法，尤其是在涉及这样一个让人深深着迷的问题时。致力于证述某种现象的学者，对于他的结论将会触犯到的那些利益不甚关心。杰出思想家阿尔维耶拉先生在其最新著作中评论道：他不属于当今任何一个学派，研究结果有时还与这些学派的某些结论截然相反。我希望我这项新的研究能担得起同样的评价。从属于一个学派，意味着必须赞同该学派的偏见与臆断。

不过，我还是要向读者说明，为什么他们将会看到，我从研究中得出一些迥异于他们原先预料的结论。例如，在指出群体（包括精英群体在内）在精神上极度不成熟后，我仍然宣称，尽管存在这种不成熟，触碰群体的组织仍然可能会很危险。

原因即在于，对历史事件最为详细的观察，总是向我揭示：社会组织和所有有机体的结构一样复杂，我们的力量完全不能让它们突然产生一些深层次的转变。大自然有时激进，但从不是我们所理解的那样。这也是为什么沉迷变革，会让一个民族遭受更多致命的不幸，无论这些变革在理论上显得如何冠冕堂皇。变革只有在能瞬间转变民族本质的情况下，才有可能发挥作用。然而，只有时间掌握了这种力量。能支配人们的，是观念、情感和风俗，这些根植于我们自身的东西。制度和法律是我们内在心灵的外在展现，是我们需求的表达。制度和法律既然源自需求本身，就不能篡改它。

我们不能把对社会现象的研究与对产生它们的民族的研究剥

离开来。从哲学的角度分析，这些现象可能有绝对价值；从实际角度出发，它们只有相对价值。

因此，在研究一种社会现象时，要依次从两个非常不同的面向着手。由此我们会看到，纯粹理性给我们的教诲通常与实践理性给予的背道而驰。这种区别几乎适用于一切领域，甚至在自然科学界也不例外。从绝对真理的角度出发，一个立方体，一个圆形，它们都是固定的几何图形，是被某些公式严格定义了的几何图形。然而在我们肉眼看来，这些几何图形可以变成各种奇形怪状。实际上，透视可以将立方体变成角锥体或方形，将圆形变成椭圆或一条直线。而这些失真的形状，远比它们真实的模样更值得思索，因为前者是我们能目睹并被摄影和绘画再现的唯一形状。失真在有些情况下比真实更为逼真。用物体最为准确的几何图形来描绘它们，可能会使整个自然界变形，并变得无法辨认。设想这样的一个世界，那里的居民只能临摹和拍摄物体，却不可以触摸它们，那么他们在认知事物具体形态方面就会非常困难。关于这一形状的知识，若只被一小部分的学者所掌握，那它的价值也就十分有限。

研究社会现象的哲学家应当往脑海里注入这样的观念：这些现象除了具有理论上的价值外，还有一种实践意义上的价值；从文明发展的角度看，只有后者才显得更重要。对这个事实的认识，必会让哲学家异常谨慎地对待那些先前可能由惯例强加于心的结论。

另有一些因素也使得哲学家采取这种谨慎态度。社会事件如此复杂，以至于我们无法全盘掌控它们，也无法预测它们之间相互牵连所产生的影响。而在可见的事实背后，有时似乎还隐藏着数千个不可见的起因。那些可见的社会现象可能是一项庞大的工程的结果；它并无意识，且绝大多数时候无法被我们所分析。我们可以把能被感知的现象比作波浪，它们是海洋里不被人所知的汹涌暗潮在海面上的表现。在群体的大多数行为中，他们的品行显得极其低劣；但是他们也有一些举止，似乎被神秘力量所操控，先人们把这些神秘力量称作命运、自然或天意，我们则称作逝者的声音。尽管我们不清楚它们的来源，却不能够低估它们的力量。有时，在各民族内心深处，可能有一些潜在的力量支配他们；比如，还有什么比一门语言更复杂、更有逻辑、更神奇的东西呢？如果不是出自群体的无意识的本质，这个组织如此缜密又十分灵活的东西又能源自何方呢？那些最渊博的学者、极受人尊崇的语言学家们所做的工作，也只是费力地记录支配这些语言的规律。他们完全不能创造这些规律。即使是某些伟人的绝妙思想，我们就能非常确信那只是他们个人的独创吗？毋庸置疑，这些思想总得由单个独立的头脑所构思，但是孕育这些思想的土壤里不可胜数的粒粒尘埃，不正是出自群体的本质吗？

  群体无疑总是无意识的，但可能这种无意识状态本身，正是他们拥有力量的秘密之一。在自然界，生物绝对服从本能来完成特定行为。这些行为不可思议的复杂，让我们惊诧。理性，对人类而言过于崭新，而且尚未完善到可以为我们揭示无意识规律的地步，更不能取而代之。在我们所有的行为中，无意识的部分十分庞大，而理性所占的比例则微乎其微。作为一种未知力量，无意识仍然发挥着作用。

因此，如果我们期望待在狭小而安全、能被科学所探知的范围里，不想在空泛的推测和无用的假设里飘忽不定的话，我们应当仅仅描述那些能被我们所观察到的现象，并把自己框定在这个描述里。所有由我们的观察所得出的结论，在很多时候都是不成熟的，因为在这些清晰可见的现象背后，尚有一些我们看不清的东西。更有甚者，或许在这些我们看不清的东西的身后，仍有其他我们未能目睹之物。

目录

Psychologie des foules

引言：群体时代　*I*

第一卷　群体心理　*II*

第一章　群体的一般特征与他们思维一致性的心理规律　*13*

第二章　群体的情感与道德　*23*

第三章　群体的思想、推理和想象　*44*

第四章　所有群体信仰都具有的宗教的形式　*55*

第二卷　群体的主张和信仰　*63*

第一章　群体信仰与主张的远因　*65*

第二章　影响群体意见的近因　*85*

第三章　群体领袖及其说服手段　*98*

第四章　群体信仰与想法的变化范围　*122*

第三卷　不同群体分类的定义及其描述　*133*

　第一章　群体的分类　*135*

　第二章　所谓的犯罪群体　*140*

　第三章　重罪法院的陪审团　*146*

　第四章　选民群体　*153*

　第五章　议会群体　*162*

译名对照表　*183*

引言：群体时代

当前时代的演变／文明更迭是人们思想发生转变的结果／群体势力下的近代信仰／群体势力改变传统的国家政治运行模式／平民阶级如何形成，他们的力量如何体现／群体势力带来的必然后果／群体只能扮演一个破坏者的角色／那些行将就木的文明因群体而最终瓦解／学界对群体心理研究的普遍忽视／群体研究对立法者及政治家的重要性

所有发生在文明更迭之前的大动乱，例如罗马帝国的衰亡和阿拉伯帝国的建立，起初似乎都是由一些政治上的大转变所引起，如外族入侵或改朝换代。但对这些事件更为细致的研究揭示，在这些表象之下，有一个更为常见的根本原因，那就是人们思想的深刻转变。真正具有历史意义的动乱并不是那些规模和暴力程度让人胆战心惊的事件。唯有在人们思想、观念和信仰里发

生的转变，才是举足轻重的，才能让文明推陈出新。历史上那些令人难以忘怀的事件，是由人的思想发生的无形变化所带来的可见效果。然而，一个族群世代承袭的思维框架通常稳固异常，因而这样的大变革十分罕见。

当下正是这样一个民众思想发生转变的关键时期。

两个至关重要的因素是这种转变的基础。首先是我们文明赖以生存的社会信仰、政治信仰和宗教信仰的崩溃。第二个因素是，近代科学和工业领域取得新发现后，全新的生活条件和思想的产生。

过去的观念尽管已被毁弃过半，但余威尚存；取而代之的新思想，仍在孕育之中。因此，当代社会处于变革和混乱之中。

眼下，要想知道这个注定稍显喧嚣的时代最终会酝酿出什么并不容易。我们也不清楚继我们这个社会而来的社会，将有哪些主流思想为其奠基。但是由此刻开始，我们所能确定的是：无论未来社会如何组织，其主流思想必将格外看重一股全新的、在当代接近至高无上的力量——群体势力。在那么多太过老旧且现今已死亡的观念的废墟上，在那么多被革命一一击碎的政权的残骸里，它是唯一崛起的力量，并且它似乎也注定即将吸纳其他力量。当我们所有的古老信仰步履蹒跚、正在消失时，当社会的老旧支柱逐一崩塌倾倒时，它是唯一无所畏惧的力量，并且它的威望会不断壮大。我们即将走进的时代，将会是真正的**群体时代**。

就在 1 个世纪前，欧洲国家的传统政治和君主之间的冲突，充当了历史事件爆发的主要原因。群体的意见几乎不被重视，甚至在绝大多数时候毫无作用。时至今日，政治传统、君主的个人好恶以及他们之间的对抗不再重要，群体的声音反而开始占优势。它授意君主听命于自己的领导，也是君主们尽力领会的对象。决定国家命运的，不再是王公贵胄们的意见，而是群体的本质。

平民阶级参与到国家政治生活中来，即他们在实际上逐渐转变为国家领导层。这是我们这个变革时代最突出的特征之一。但事实上，这种转变的特征并不是普选。操作简单的普选制在相当长的时间里收效甚微。群体势力的逐步诞生始于某些观念的普及。这些观念被徐徐植入人心。接着，个体慢慢结社以实现理论上的构想，进一步催生群体势力。正是通过结社，群体才最终形成自己的思想，并意识到自己的力量。这些关乎其自身利益的思想即使不是很正确，至少指向明确。他们成立联合会，让一个又一个当权者妥协让步；他们设立工会，无视经济规律，致力于控制工作条件和报酬标准。他们还向政府议会派遣代表，这些代表们毫无创见和独立性，通常只把自己当成所在委员会派出的发言人。

今天，群体的诉求越来越明确。彻底推翻当前的社会体制，将其带回到文明曙光乍现之前所有人类部落正常状态的原始共产主义，这已是群体誓不罢休的目的。限制工时，没收矿产、铁路、工厂和土地，将所得之物尽数平分，为平民阶级的利益消灭所有的上层阶级等，都是他们所要做的事。

群体不善理辩，却擅于行动。它们当前的组织让其势力变得十分强大。我们目睹其产生的信条将会拥有旧信念的力量，即至高无上、不容非议的专制力量。群体的超凡权力将取代君主的神授权力。

为当前中产阶级代言的作家们，最全面地诠释了该阶级那些稍显狭隘的观念、有点短浅的目光、略带粗陋的怀疑论以及有时稍微过分的自私自利。他们在群体这股全新的、在其眼皮底下发展起来的势力面前，十分恐慌。为了理清脑海里的那团乱麻，他们转向过去曾极度藐视的教会伦理，向它发出绝望的呼救。他们对我们说科学已经破产，忏悔着重归罗马教廷，提醒我们那些天启真理的教诲。然而这批新信徒忘了一切为时已晚。即使圣神真会显灵，它对群体思想也无法施加如对新信徒一般的同等效力。因为群体对新信徒念兹在兹之事，不甚关心。今天，群体舍弃了他们的布道者昨天已舍弃并帮着毁灭的神灵。没有任何一种力量，神力也好人力也罢，能让水流倒回源头。

科学并未破产。当前思想界一团乱麻的局面，以及在此之中不断壮大的群体势力，都与它无关。科学向我们许诺真理，或者至少让我们获得认知能力，以理解有关的各种知识。但它从未向我们许诺和平与幸福。科学对人类的情感体验漠不关心，它并不能体会人类的哀诉。应当由我们竭尽全力去与科学共处。因为被它祛除之后，众魅复返无望。

那些在每个民族都能轻易见到的普遍现象，向我们展示了群体势力的迅猛壮大，不容我们臆想这种壮大将会很快停止。无论它会给我们带来什么，我们都要逆来顺受。

任何反对的论调都是无用的。诚然，群体的出现可能意味着西方文明已走向最后阶段，它也可能全面倒退到混乱的无政府状态。这样的倒退似乎在每一个新社会诞生之前都会发生。然而，我们如何才能阻止它呢？

迄今为止，彻底摧毁残旧文明，一直都是群体所承担的最明确的任务。实际上，群体并非直到今天才担任该角色。历史告诉我们，每当一种文明赖以生存的伦理道德失去威力时，最终让该文明解体消失的正是无意识且残暴、够得上被称为野蛮人的群体。文明能被创造和延续到现在，依靠的从来都不是群体，而是那一小部分知识贵族。群体只有破坏毁灭的力量。他们的统治永远无异于野蛮时期。一种文明包含既定规则、规章制度、由本能到理性的过渡、对未来的先见之明，以及高水平的文化。群体自身则无时不在表明：仅仅依靠他们自己，是绝对无法具备这些条件的。他们也没有能力来实现。群体那股只能起破坏作用的力量，让他们起着与分解病体和尸体的微生物一样的作用。当一栋文明的大厦被虫蛀蚁噬摇摇欲坠时，往往是群体实现了它的最终崩塌。也恰在此时，群体显现出了自己的主要作用；墙倒众人推好像也在这一瞬间成为唯一的历史规律。

我们的文明也会有此厄运吗？这是我们需要担心的事情，然而也是目前所无法预知的事情。

无论厄运最终是否降临，我们都应听任自己去忍受群体的统治，因为这些鼠目寸光之辈的双手，已经接二连三地推倒所有阻碍他们前行的障碍。

我们并不是很了解这些我们开始大费周章谈论的群体。职业心理学家们因自身生活与他们关联甚少，总是忽视他们，即便是研究他们，也只知道研究群体犯罪。诚然，群体中间有罪犯，但更不乏正义之师和英勇之军，以及诸多其他类型。群体的犯罪只是群体心理学研究领域里一个特殊情况。仅仅研究这些罪行并不能让我们对群体的心理结构了解更多，就好比我们不能单凭一个人的罪行就了解他的全部心理构成一样。

可照实来说，世间所有的伟人，任何帝国或者宗教的开创者，一切信仰的使徒和杰出的政治家，哪怕往小里讲，人类所有小集体的小领袖，自始至终都是不自觉的群体心理学家。他们从群体本质出发，本能地掌握了一套非常切实可行的对付群体的知识。正因为深谙此道，他们才能轻而易举地成为掌权者。拿破仑不可思议地看透了他所统领之国民众的心理，但他在有些时候却完全曲解了从属于其他族群的民众的心思。①正因为这种误解，他在西班牙，尤其是俄国地区，发动了战争，并遭到抵抗，而这些抵抗最终造成了他的溃败。

如今，掌控群体变得非常困难。政治家已不再意图掌控群体，只求别太被牵着鼻子走。要想做到这一点，群体心理学的知识是他们所能抓住的最后一根救命稻草。

只有对群体心理学稍作深入研究，我们才能体会法律和制度在它面前几乎无计可施；才会明白为何群体没法产生自己的主张，只是被动接受那些植入自己脑海里的思想；才会知道那些纯粹在理论上倡导的公平规则，并不能引导群体的行为。只有寻找到那些让他们印象深刻或足以诱惑他们的法规，才能真正驾驭他们。假设国家需要征收一种新税，它是否应该选用一套在理论上

---

① 他最聪明的顾问也不比他更了解这种心理。塔列朗（Talleyrand，1754—1838，法国著名政治家、外交家，曾是拿破仑的得力助手。——译者注）在给他的信中写道："西班牙像接待救星一样欢迎他的士兵们。"然而，这个国家实际上是在把他们当作猛兽一样接待。一个知晓该族群遗传下来的本能的心理学家，应该能轻而易举地预料到这些。

拿破仑看透了他所统领之国民众的心理，但他在有些时候却完全曲解了从属于其他族群的民众的心思。正因为这种误解，他在俄国发动了战争，并遭到抵抗，而这些抵抗最终造成了他的溃败。（上图为莫斯科大火，下图为拿破仑从俄国败退）

最公平的方案呢？绝对不是。实际上，最不公正的方案恰恰是最适合群体的。如果这套方案还不怎么公开透明，乍看之下，所征税额还最少，那么它就会很容易被接受。这也是为什么间接税这种实际上过度征收的税种总能被群众所接受。群众仅需每日为每种日常消费品支付少许，这不会干扰到他们的日常生活，他们也不会察觉到自己在交税。若用另一种直接从工资或其他收入中按比例一次性征收的方式取代间接税，即便前者理论上比后者宽松10倍，民众还是会一致反对。实际上，那笔若在一次性缴清时税额相对大而吓人的款项，取代了每日隐形上缴的税金。需要缴纳的总税款，只有零星地摊在每一天才会显得少。这种经济手段证明群体缺乏一定的远见。

以上的例子极其简单，适用与否一目了然。像拿破仑这样的心理学家对此心领神会。但立法者一旦忽视群体的本质，却会对此视而不见。经验还没有丰富到教会他们：人们永远不会按照纯粹理性的指导行动。

群体心理学还将被应用到其他领域。对它的掌握将会透射出一道最亮的曙光，照向众多因缺少它而让人完全难以理解的经济现象或历史现象。我斗胆在此指出：像泰纳[①]先生这样杰出的现代史学家，有时竟不能完全理解我们这场大革命中的事件，那也是因为他从未考虑过研究群体心理。在研究这段复杂时期的历史时，他以博物学家的描述性方法为指导。然而博物学家的研究对象几乎不受伦理道德的影响，可是确切地说，伦理道德的力量才

[①] 泰纳（Hippolyte Taine，1828—1893），法国思想家、历史学家，代表作有《艺术哲学》《现代法国的起源》《旧制度》等。也译作丹纳。——译者注

像泰纳先生这样杰出的现代史学家,有时竟不能完全理解法国大革命中的事件,那也是因为他从未考虑过研究群体心理。

是历史的真正动力。

仅从实用角度考虑，群体心理学研究也值得尝试。哪怕只是受猎奇心驱使，这种研究也值得开展。破译人类行为密码的工作，跟识别一种矿物或一类植物一样乐趣多多。

我们关于群体本质的研究只是一项简短的综合性研究，是对我们研究工作的简单总结。我们只希望从中得到一些启发性的观点。我们现在所做的工作，相当于在一块蛮荒的处女地上画下几条线，好让其他学者沿着这些线深挖下去。①

---

① 正如我在前面所说的那样，撰写群体心理学研究方面著作的作家屈指可数，并且他们只从犯罪的角度研究群体。在本书中，我只用了一个短短的章节去研究这个问题，因为这个特殊的原因，我推荐我的读者去阅读加布里埃尔·塔尔德（Gabriel Tarde，1843—1904，法国社会学家、犯罪学家，其理论核心为"社会模仿说"。——译者注）的研究，以及西盖勒（Scipio Sighele，1868—1913，意大利社会学家、犯罪学家，群体心理学的创始人之一。——译者注）的小册子《犯罪的群体》(*Les Foules Criminelle*)。这本小册子里不仅有作者的个人观点，还把心理学家用得到的事例编纂在了一起。由于其他原因，我在群体的犯罪性和道德性上得出的结论，与我刚才提到的两位作家的结论完全相反。

在我的《社会主义心理学》中，可以发现某些支配群体心理的法则所引发的后果。这些法则还能应用到各种其他课题中。最近，布鲁塞尔皇家音乐学院院长赫法尔特（Auguste Gevaertt）在一项音乐研究中出色地运用到我们之前所说的规律，他刚好把这类音乐称为"群体的艺术"。这位杰出的教授，把他的论文寄给我，并在给我的信中写道："正是您的两部著作，解决了过去我认为无法解决的难题，即为何无论音乐是现代的还是古典的，是本土的还是国外的，是简单的还是复杂的，只要由一名充满激情的指挥家，带领演奏者们很好地演奏出来，群体都有惊人的能力来感知它。"赫法尔特人钦佩地说出了为何"一部不被某些在小房间孤独地阅读乐谱的老到音乐家们赏识的作品，有时会立刻吸引那些完全不入门的听众"。他还一针见血地解释了为何这些美学上的感受无迹可寻。

第一卷
群体心理

第一章 群体的一般特征与他们思维一致性的心理规律

一个群体在心理层面上的构成要素／个体的大量汇集并不足以形成一个群体／群体在心理上的独有特征／组成群体的单个个体在思维和情感上的固定立场以及他们个性的消失／群体总是被无意识所操控／大脑活动的消逝，脊髓活动主导一切／智力的下降及情感体验的全盘转变／转变后的情感体验可以优于组成群体的单个个体的情感体验，也可以逊色于后者／群体因此既容易英勇无畏，也会轻易恶行累累

一般而言，"群体"这个词表示任意个体的聚集，不论他们来自哪个民族，所执何业，是男或女，也不管是何种契机让他们集聚成群。

在心理学上，"群体"二字却有完全不同的意义。在某些特

定情境里，且仅在这些情境中，汇聚的人群拥有全新的特征，这些特征与组成此人群的个体的特征完全不同。个体意识消失了，群体中的所有个体的思想和情感被导向同一方向。集体心理由此成形。它毫无疑问是暂时的，但有着相当清晰的特征。集体因而变成了一个"有组织的群体"——由于找不到更好的词，我姑且这样称呼它。或者，如果有人乐意，也可以称之为"心理群体"。这是一种单独的存在，并遵守**群体思维一致性的规律**。

显而易见，众多个体偶然地集聚，这一事实本身并不足以使他们具备一个有组织的群体的特点。偶然集合在一个公共场所、没有任何明确目标的 1000 个人，绝不会形成心理学意义上的群体。为了获得这样一种群体所具备的独有特征，必须要有一些东西的刺激和煽动。我们会在下文确定这些东西的性质。

个体意识消失了，情感和思想朝一个既定的方向发展，这些是一个正在形成的群体的最初特征，它并不总是要求众人同时同地出现。某些时候，受一些强烈感情的驱使，例如国家大事，许多身处各地孤立的个体也能获得心理群体的特征。在这种情境下，随便一个契机，便足够让他们集聚，并让这些个体的行为立刻具有群体行为的特征。有时五六个人就可以组成一个心理群体，但数百个偶然集合在一起的人反倒不能。另一方面，在一些因素的驱动下，一个民族哪怕在表面看来并未聚集，它也可以成为一个群体。

一个心理群体形成后，就会获得一些明确的，但并不持久的共性。一些非同一般的特性也会附加在这些共性之上，它们随着构成群体的成员的不同而发生变化。同时，群体的精神面貌也会被这些成员所改变。

因此，心理群体是可以分类的，并且，当我们进行这种分类时，会看到异质群体（即由不同成分构成的群体），与同质群体（即由一些相似的成分——如教派、等级和阶级——组成的群体）表现出一些一致的特点。而在这些共同特点之外，它们还有一些能区分彼此的特殊性。

但是，在考察不同类型的群体之前，我们必须首先探析它们的共同特征。我们将像博物学家那样，首先描述同一科中所有个体共有的一般特征，接着研究隶属该科的各个种属之间的不同特征。

精准地描述出群体心理并不容易，因为它的组织不仅随着群体的种族及其构成的不同而转变，也会因各自受到的刺激的性质及强度而发生变化。不过，我们在研究任何一个个体的心理时，也会遇到这个问题。性格终其一生都一成不变的人，只会在小说里出现。只有单一的环境，才能产生看似单一的性格。我曾在其他地方指出，所有心理结构都蕴含多种性格的可能性，环境一旦骤变，这些性格就会显现出来。这也就是为何法国国民公会最残暴的成员，都是一些原本无害的公民。在日常生活里，他们可能是温和的公证人或正派的地方官。暴风骤雨过后，他们重拾温和正常的性格，做回遵纪守法的公民。拿破仑从这些人中间找到了自己最温顺的仆人。

在这里，我们无法分析所有组织程度不一的群体，我们将着重考察处于完全组织化阶段的群体，以此来观测群体将会成为何物，而不是它一成不变的样子。只有在这个高度组织化的阶段，一些新颖而独具一格的特点才能叠加在族群固定而主要的基底之上，此时，集体所有的观念和情感将明确地朝同一方向行动、发展。也只有在这时，才会出现我在前文所说的"群体思维一致性的心理学规律"。

在群体所有的心理特征中，有些与孤立的个体所表现出来的心理特征一致，另一些则与之相反，它们极其特殊，且为群体所独有。为了彰显其重要性，我们首先将研究这些独有的特征。

无论群体由哪些个体所构成，他们彼此接近也好，互不相干也罢；无论个体经历何种生活、所执何业，个性或智力如何，一旦他们成为一个群体，他们就会具备群体心理。这种心理让他们用一种迥异于作为孤立个体时所采用的方式去感观、思考和行事。这是心理群体令人印象最深刻的地方。一些想法和体验只有在个体集聚成群时才会出现或转变为行动。心理群体是一个阶段性的存在，它由暂时融合在一块的异质成分所构成。它与细胞构成的活体非常相似——细胞组成一个全新的生命，但新生命身上的特征又与单个细胞的特征区别明显。

与富有洞见的哲学家赫伯特·斯宾塞[①]笔下让人震惊的某个观点截然相反，在一个组成群体的人群里，绝不存在构成要素的总和及其平均值，有的是组合和新特征的萌生。如同在化学界，一旦加入某些新元素，以酸碱为例，就会结合形成一种新的化合

[①] 赫伯特·斯宾塞（Herbert Spencer, 1820—1903），英国社会学家、哲学家、教育学家。主张综合哲学、普遍进化论和社会有机体论。著作有《综合哲学》《心理学原理》《教育论》《论政府》《论正义》《社会静力学》《社会学研究》（严复摘译名为《群学肄言》），等等。——译者注

赫伯特·斯宾塞指出：教育既不会让人变得更有道德，也不会让人变得更幸福；教育不会改变人的本能和他所继承的冲动；如果被引入歧途，它有时带来的危害还远远大于益处。

物，它会有一些与原先合成它的成分截然不同的性质。

指出群体中的个体与孤立个体之间如何不同，对我们来说轻而易举；但是挖掘出导致这种差别的原因，就要费些力气了。

为了能窥探到这些根源，我们首先应该回顾现代心理学的观察结果，即无意识现象不仅在有机体生活中，而且在智力活动中起支配作用。与无意识的精神活动相比，有意识的精神活动只是一个微小部分。最灵活的分析家和最敏锐的观察者，也只能找到一星半点支配无意识的精神活动的动机。我们有意识的行为，来源于一种无意识的基底。它由遗传的影响力一手搭建，并包含无数遗传的"残留物"。这些"残留物"构成了一个族群的种族心理。毫无疑问，在那些被我们的行动所证实的原因背后，还有一些尚未显现的隐秘原因，而在这些隐秘原因背后，还会有一些就连我们自己都不曾重视的更为隐秘的根源。我们大多数的日常行为，不过是那些被我们忽视的隐秘动机所带来的结果。

正是通过这些无意识因素所形成的种族心理，一个族群的所有个体才彼此相似；与此同时，正是主要通过那些有意识的因素——既是教育的结果，更是独特遗传的结果，他们才能互相区别。在智力上天差地别的两个人，却有着相似的本能、喜好和感受。在所有的宗教、政治、道德和好恶等体验方面，那些人中龙凤鲜能超越最为庸碌之辈的水准。一个大数学家与他的鞋匠在智力上可以有天壤之别，但在本性方面，两者通常并无区别或区别不大。

这些个性中的共同之处为群体成员所共有。他们受无意识的支配，且同一个族群的大多数寻常个体在这方面几乎不相上下。在集体心理中，个体的智力会被埋没，他们的自身个性也会丧失。异质的个性淹没在同质的特点中，无意识的品质则占据优势。

这些群体所共有的普遍之处，恰恰解释了为什么群体从不知晓如何完成需要高智力的行动。来自不同领域的杰出人物所组成的议会，做出的关于公共利益的决策，并不比另一些由白痴们开会所做的决策高明。实际上，名人们只是把所有人都有的平庸之处推而广之。在群体中，被累加的是愚昧而非智慧。人们常说，"全世界"的智慧高于伏尔泰的智慧，但如果"全世界"非指"群体"不可的话，伏尔泰的智慧明显高过"全世界"。

然而如果群体中的个体们，止步于汇集那些他们所共有的普遍之处，可能只是简单地得到一个平均值，而不是如之前所说的，创造出新特征。

那这些新特征是如何产生的呢？这是我们现在所必须研究的问题。

多种因素决定了这些群体所独有的特征并不出现在孤立个体身上。第一，群体中的个体仅仅通过人数众多，就有了所向披靡的感觉。这种感觉让个体沉溺于本能；而在孤立时，他不得不对此加以克制。群体无名无姓，因此不用承担责任。如此一来，约束个体的责任感消失殆尽。

第二，传染性同样介入群体中，决定了群体独有特征的外在表现及其内在倾向。传染性这种现象不难描述，但不易解释，我们需要把它与我们稍后即将研究的催眠现象联系起来。在一个群体中，所有的体验和行为都具有传染性，传染力度之大，到了个体会为了集体利益而轻易牺牲个人利益的地步。这与个体的本性相悖。人只有在成为某个群体中的一员时，才会这么做。

第三个原因最为重要，它决定了群体中的个体身上那些独有的特征。在有些时候，这些特征与孤立的个体身上的特征截然相反。我指的是暗示感受性。此外，我们在上文提到的传染性正是这种暗示感受性的结果。

为了弄懂这种现象，我们必须先了解一些心理学领域的最新发现。我们今天已经知道，可以通过各种方式，让一个个体进入完全丧失其意识人格的状态，他会全盘接受那个让他丧失自我的操作者的所有暗示，并做出跟他性格和习惯完全相反的行为。而最细致的观察似乎已证实：在一个活跃的群体中浸润一段时间后，受该群体所散发的气息感染，或其他一些我们尚未知晓的原因，个体会很快进入一种迷幻状态。这与被催眠者在催眠者手中的状态非常接近。被催眠者的思维停止运作，他完全成了由催眠者随意指挥的肉体无意识行动的奴隶。意识人格完全消失，意志和判断力荡然无存。于是，所有的想法和情感都朝催眠者所选取的方向转变。

以上大概就是处于一个心理群体中的个体所处的状态。他再也意识不到自己的行为。与被催眠者一样，在他身上，一些能力丧失了，与此同时另一些能力却被激发到狂热的极点。在某个暗示的影响下，他会带着一股令人无法招架的狂热而完成某些行为。群体中所有个体都收到同样的暗示，彼此相互暗示后，暗示的力量被夸大，所以群体比被催眠者更难以抗拒这种狂热。在群体中，那些人格足够强大因而本可以抵御暗示的人，由于势单力薄而无法抵抗潮流。他们顶多试着用另一个不同的暗示，来使群体分散注意力。正因如此，有时一句动听的话，一个被恰当展现的形象，就能让群体免于陷入最血腥的暴行。

因此，群体中的个体主要有以下特征：有意识的人格消失了，无意识人格起主导作用，观念与情感通过暗示和传染转向一致，以及将被暗示的想法立即付诸行动的倾向。个体不再是他自己，而是变成了一具不受自我意志操控的提线木偶。

正因如此，一旦个体融入一个有组织的群体，他就从文明的阶梯上倒退了好几个台阶。他在孤立时或许是一个有教养的人，但在群体里就成了一个野蛮人，即凭本能行事的人。他有着原始人类的自发性、暴力、残酷、热情以及英雄主义。他很容易就会受语言和形象的影响，并做出一些违背切身利益与众所周知的习惯的事情，因而显得更加接近原始人。而倘若组成群体的个体处于孤立中，那些语言和形象或许毫无作用。群体里的个体，是那被风随意吹散的众多沙粒中的一粒。

所以，我们看到陪审团做出一些每个陪审员在孤立时必将反对的表决，议会通过一些每个议员作为个体时会谴责的法律和议案。单独看，国民公会的成员都是受过教育的温和公民。可他们集合成群体时，却会不假思索地拥戴那些最残暴的提案，把明显清白无辜的人送上断头台。并且，他们还会放弃自己的不可侵犯性而自相残杀，完全与自身利益背道而驰。

群体中的个体不仅仅在行为方面与孤立时的自身有本质上的差异，甚至在他彻底丢失独立自主之前，他的观念与情感就已发生转变。这种转变是如此深刻，以至于吝啬鬼能成败家子，对宗教持怀疑态度的人能成信教者，正直的人会干坏事，懦夫能变英雄。在 1789 年 8 月 4 日的那个著名夜晚①，贵族们在一时的狂热激情下，投票放弃所有的特权；在单个孤立时，他们绝不会接受这个决议。

综上所述，群体在智力上总是低于孤立的个人；然而，在情感及被情感所激发的行为方面，视具体情景，群体表现却能优于或劣于孤立的个人。这一切全都取决于群体被暗示的方式。这也是那些只从犯罪角度研究群体的作家们完全不了解的。毫无疑问，群体经常作奸犯科，但它通常也会英勇无畏。正是凭借群体，我们舍身成仁，某种信仰或某个观念才会大获全胜；我们才会为了荣耀和尊严而激情万丈，才能像在十字军时期那样，赤手空拳地从异教徒手中夺回上帝之墓；或者像 1793 年那样，捍卫祖国的领土。毫无疑问，这是一种略显无意识的英雄主义，但历史正是由它而造。如果各个民族只会冷静而又理智地行动，便很少会被世上的史书提及了。

---

① 1789 年 8 月 4 日晚，为应对愈演愈烈的农民起义，当时的法国制宪议会召开会议。会上，贵族和教士纷纷登台发言，自愿废除各种不合理的税收和特权，如什一税、狩猎特权、领主司法权等。根据会议的精神，8 月 5 日—11 日，一系列在根本原则上废除了法国封建制度的法令陆续制定、通过，它们被通称为"八月法令"。——译者注

第二章　群体的情感与道德

一、群体的冲动、多变和易怒。群体是一切外在煽动的玩偶，且变化无常／驱使群体的感情冲动十分专横，以至于个人利益向它做出让步／群体从不预先谋划任何事情／族群的作用。二、群体易受暗示，易盲从。群体对各种暗示言听计从／群体会把脑海里的图像当作现实／为什么这些形象在组成群体的每一个个体眼中都是相似的／在一个群体中，学者与愚人没有不同／关于群体中的个体都易产生幻想的丰富实例／群体的证词不具有任何可信度。许多见证人的众口一词，恰恰是我们重构一个事件所能援引的最糟糕的证据之一／历史著作价值微乎其微。三、群体情绪的过激和简单。群体不知道怀疑和不确定，他们总是走向极端／群体的情绪一直都是极端的。四、群体的狭隘、专制和保守，以及形成以上性格的原因／群体在强权面前奴颜婢膝／群体一时的革命本能不会阻止他们变得极端保守／群体天生厌恶变化和进步。五、群体的道德。随着暗示的变化，群体的道德可以远高于组成群体的个体的道德，也可以远低于后者 / 解释与实例。群体极少以利益为导向，而在绝大多数时候，利益却是孤立个体行事的唯一动力 / 群体的教化作用

在概括性地指出群体的主要特点后，接下来我们要详细、深入地了解这些特点。

我们将会发现，在群体所有的独有性格中，有几个特点，例如冲动、易怒、不会理辩、缺少判断力和批判精神，情感体验的过激等，我们同样可以在妇女、野蛮人和儿童等生命体身上找到。但是针对这种相似之处，我只会一笔带过，因为它不在本书的论证框架之内。再说，它对已经了解原始人类心理状态的人而言毫无用处，而对那些不懂的人来说，又缺乏说服力。

现在我开始依次阐述那些在大部分群体身上都可见到的不同特点。

一、群体的冲动、多变和易怒

我们之前在分析群体的基本特点时就提到，群体几乎完全被本能所主宰。群体的行为更受脊髓神经的左右，而非受大脑的主宰。在这方面，群体与完全处于原始状态的人接近。需要执行的行动，本可以被完美执行，但是个体不受理智控制，因而他的行动总是受到不期出现的刺激因素的影响。群体任凭一切外在刺激的摆布，并反映出他们永无停歇的变化。因此群体是自己所受到

的情感冲动的奴隶。孤立的个体，会和群体中的个体一样受到同样的刺激，但是理智会告诉他屈服之后的诸多弊端，于是他会坚守阵地。这就是人们在心理学上常说的，孤立的个体有控制自己反应的能力，群体则不具备。

随着刺激因素的变化，群体会屈服于不同的情感冲动，既可宽厚仁慈，也能残忍冷酷；既可以英勇无畏，也会胆怯畏缩。但是他们太过专横，以至于个人利益和自卫利益，都不能控制他们。刺激群体的因素千变万化，而群体对它们总是言听计从，因此，群体也极其喜怒无常。正因如此，我们才会看到，群体能在顷刻之间由最血腥的残暴状态变成最纯粹的温厚或英勇状态。群体可以不费吹灰之力地变成刽子手，也可以轻而易举地化身殉道者。群体体内涌动着每一种信仰大获全胜所必需的湍湍血流。我们无须追溯到英雄时代就能够知晓群体在这方面究竟有何作为。群体在暴乱中从不惜命，就在不久前，一位突然之间家喻户晓的将军[①]，轻而易举地找到成千上万人，只要他一声令下，就愿为他的事业赴死捐躯。因此，群体从不预先谋划任何事情。

群体的情感体验可以从一个极端跨到另一个极端，但他们自始至终会受到当前刺激因素的影响。他们就像被狂风卷起的树叶，四周飞舞，然后又各自落地。通过研究一些革命群体，我们将在下文展示几个与群体情绪多变性有关的例子。

这种多变性，使群体不易被掌控，尤其是当一部分公共权力

[①] 指布朗热将军。——译者注

已经落入他们手中后。如果日常生活所必需的东西,不再对事物进行一种不可见的调节,民主很难持续太久。然而,群体即便有疯狂的追求,也不会太持久。他们没有持久的意志力,就如同他们没有持久的思考力一样。

群体不只是冲动多变。就像野蛮人一样,他们不会承认在欲望和欲望的实现之间有任何障碍,再加上群体人多势众,觉得自身力量所向披靡,因而更加难以理解这一点。对于群体中的个体而言,不可能的概念消失了。孤立的个体清晰地知道,他不能独自去焚烧宫殿或者洗劫商铺,即使他受到这样的诱惑,也会轻易地抵制住它。而成为群体中的一员后,他会意识到人多势众带给他的力量,仅需向他暗示一些杀戮和劫掠的想法,他就会立刻向诱惑投降。意料之外的障碍物将会被疯狂摧毁。倘若人类机体允许狂热永驻,我们可以说,狂热就是欲望受阻的群体的正常状态。

族群的基本性格构成我们所有情绪体验得以萌生的稳固土壤,它对群体的易怒、冲动和多变产生影响,同时还对我们将要分析的一切民众情绪起作用。毫无疑问,所有的群体都是冲动易怒的,但是程度却大不相同。例如,拉丁民族群体和盎格鲁-撒克逊民族群体之间,就有让人印象深刻的区别。最近发生的历史事件为此做了清晰的注解。1870年,仅需将一封简单的电报公之于众,声称某位大使受辱,就能引爆众怒,一场恶战因而触发。[1]几年之后,一封关于谅山地区某次无足轻重的战败的电文,再次

---

[1] 指1870年的普法战争。战争的导火索为俾斯麦公布了经过他篡改的"埃姆斯密电",成功激怒法国向普鲁士宣战。——译者注。

点燃人们的怒火,导致政府瞬间垮台。同一时期,英国人远征喀土穆时的大溃败,在英国却反响寥寥,没有任何大臣遭解职。所有的群体都偏女性化,但是拉丁人群体却是所有群体中最女性化的群体。倚仗他们会让我们青云直上,但是就像沿着悬崖不断行走一样,总有一天,我们会骤然坠落。

二、群体的易受暗示、易盲从

我们在定义群体时就说过,强大的暗示感受性是群体的普遍特征之一,我们还展示了在所有人类集聚处,暗示是多么具有传染性。这也解释了为什么群体的情绪会朝着一个既定的方向快速转变。

我们假定群体是中立的,而在绝大多数时候,他们都处于观望状态,因而暗示能够轻易发挥作用。第一个成形的暗示一出现,就会立即传染,被所有的头脑所接受,群体的情感倾向也随之而确定。一如所有被暗示的个人,侵入群体头脑的思想力求转化为行动。无论是纵火焚烧一座宫殿,还是实现一次慷慨就义,群体都能轻易地跃跃欲试。所有这一切都取决于煽动物的性质,而不是像孤立的个体那样,取决于被暗示的行为与反对这些行为的理由之间的关系。

结果,群体总在无意识的范围里游荡,极易接受一切暗示;他们如不受理性影响的生物一般,拥有强烈的情感,而不具备任何批判能力,只会盲从。对群体而言,没有什么实现不了的事情。若要了解为何那些最荒诞可笑的传说与故事,得以轻易地产生并扩散，就必须谨记这一点。①

那些能轻易在群体中流传起来的传说，并不仅仅是由群体的极度轻信所导致，还因为群体的想象对事件做了惊人的扭曲。群体亲眼所见的最简单的事件，很快就会被完全曲解。群体通过形象来思考，然而被唤起的形象，又会唤起一系列与原来的形象没有任何逻辑关联的其他形象。只要想到，有时我们也会由对某个事件的回忆，产生源源不断的奇怪想法，就很容易设想这样的情形了。理性告诉我们，这些形象前后不一致，但是群体却很难明白这一点；它们将歪曲的想象加进真实的事件中，将想象与真实混为一谈。群体几乎不区分主观和客观。他们把脑海中产生的形象当作真实的存在，但是这些形象与观测到的事实之间往往相去甚远。

由于构成群体的个体有着极其不同的性情，群体对亲眼所见的某一事件的任意想象，似乎应该是五花八门的。但是事实并非如此。由于传染的作用，对事实的歪曲对所有个体而言具有相同的性质和意义。群体中的某个人对真相的第一个曲解是传染性暗示的核心。圣乔治②在耶路撒冷的墙上被所有十字军战士看到之前，肯定先有一个人意识到了他的存在。在暗示和传染性的作用

---

① 经历过巴黎围城的人，能在那些最为奇特的事情上目睹无数群体盲从的例子。一支在高处被点燃的蜡烛，马上就被当成发给围攻者的信号。尽管只要思考 2 秒后，这些人很明显就绝对会明白，隔着几古里（lieu，古里，法国古代路程单位，1 古里约等于 4 千米——译者注）的距离，肉眼根本无法看到这支蜡烛的光芒。

② 圣乔治（拉丁语：Sanctus Georgius），活跃于 3 世纪前后的基督教圣人，殉教者，传说中的屠龙英雄，后被尊为英格兰的主保圣人。——译者注。

圣乔治在耶路撒冷的墙上被所有十字军战士看到之前，肯定先有一个人意识到了他的存在。在暗示和传染性的作用下，由个人所宣布的奇迹，会立即被所有人接受。（图为丢勒的《圣乔治大战恶龙》）

下，由个人所宣布的奇迹，会立即被所有人接受。

历史上屡屡发生的集体幻觉，就是在这样的原理作用下产生的。这些集体幻觉似乎拥有真实性的一切典型特点，因为它是被成千上万人所证实的现象。

不要以为构成群体的个体的智力水平能击碎集体幻觉。智力水平的高低无足轻重。从个体融入群体的那一刻开始，学富五车之士与不学无术之辈一样失去了观察的能力。

这个说法似乎很矛盾。要深入阐述它，我们必须列举大量历史上发生过的事件，这些事件多得几卷书都记载不下。

不过，为了不让读者以为我们口说无凭，我将会展示一些实例，这些例子都是我从一大堆可以援引的事实中随机选取的。

以下援引的事件，是群体受集体幻觉折磨的最典型案例之一，因为它所涉及的个体，鱼龙混杂，既有极度无知之徒，也有渊博得无以复加的人。这件事，海军上尉朱利安·费利克斯在他关于海流的著作中偶有提及，还被《科学杂志》刊载过。

护卫舰"贝勒-波拉"号航行在海面，寻找被大风暴吹散的轻巡洋舰"波索"号。正值白天，烈日高照。突然，值勤的士兵在浅海区发现一艘受损的小船。全体船员将目光投向那儿，包括军官和水手在内的所有人，都清楚地看到一艘小船拖着一艘载人救生筏，筏上一派劫后余生的景象。然而这只不过是一种集体幻觉。海军上将德福斯派出一艘小艇火速援救那些受难者。接近那艘小船时，这些水手和军官都看到"一大群人张开双臂动来动去，并隐约听到一些混杂着其他声音的呼救声"。可是小艇抵达后，他们只看到被海水从附近岸边冲过来的几根树枝，枝上挂满树叶。在如此明显的证据前，集体幻觉方才不攻自破。

这个例子让我们清晰地看到之前分析过的集体幻觉的运作原理。一方面，有一个处在预期的观望状态中的群体；另一方面，值勤的士兵给了一个关于海面有受损船只的暗示，这个暗示通过传染作用被所有人接受。

颠倒眼皮子底下发生的事情，真相被一些与它毫无关联的幻觉所代替，这些并不需要群体的人数众多时才会发生。几个个体一旦聚集就能构成一个群体，尽管他们可能全是杰出的学者，在他们专业范围之外，他们也会染上群体的所有性格特点。每个人都具有的观察能力和批判思维立刻消失不见。有一名叫戴维的心理学家，聪明的他为我们提供了一个与此相关的十分奇妙的案例。这个事件在最近的《心理学年鉴》上有报道，也值得在这里细说一番。他召集了一次会议，出席者都是杰出的观察家，其中包括英国首席学者之一的华莱士先生。会上，戴维先生先让众人检查道具，并把印记标在任何一个他们想标记的地方，然后他表演了一系列经典的通灵现象，包括鬼神显灵、板岩题字等。他收到这些出类拔萃的观察家们的报告，这些人纷纷表示自己看到的现象非超自然力不能实现。最后，他向大家揭示：一切只不过是极其简单的障眼法。"戴维先生这个调查最让人惊奇的部分，"这个事件的叙述者写道，"并不在于足以乱真的戏法本身，而是那些外行的旁观者的报告有多么不堪一击。"他说："由此可见，目击者可以作出大量言之凿凿却完全错误的描述，它们因而会带来这样的后果：如果我们认为这些描述正确，那他们所描述的对象就无法用障眼法解释了。戴维先生发明的方法是如此简单，大家对他竟然够胆使用这样的方法大为惊奇。但是这种方法对群体的确有着非常大的影响，以至于它足以说服群体去相信自己看见了事实上并没有见到的东西。"这通常是催眠者对被催眠者所施加的影响。然而当看到这个方法还能对有学识的人起作用，而且这些人之前还怀疑超自然力，我们就能体会，让普通群体产生幻觉有多么容易。

诸如此类的例子不胜枚举。在我写下这几行文字的时候，报纸上铺天盖地都是关于2个溺水女孩的尸体在塞纳河被打捞上来的事件。起先，有12个人非常确信自己已经认出了这2个孩子。所有的证词都对得上，预审法官不用再怀疑。他签署了死亡证明。但是就在人们开始举行葬礼时，一个偶然的事件让大家发现假定的受害者还活得好好的，而且和溺水而亡的小孩之间也没什么相似之处。和前面提到的几个例子一样，幻觉的第一个受害者所做出的肯定陈述，足以对其他所有人产生暗示。

在这种情况下，暗示的起点往往是某个个体的模糊记忆所产生的幻觉，紧接着，人们对这个幻觉的肯定让它得以传染开来。如果第一个目击者非常敏感，那么通常只要他看到尸体上的几个特征，如一道伤口或者某个服饰方面的细节，他就能由这些东西联想到另一个人，即使两者之间没有真正的相似之处。

再然后，被唤醒的同感变成了一种认同过程的核心，它会席卷理解力的领土，并让批判思维瘫痪。目击者之后亲眼所见的，再也不是事物本身，而是他脑海里被唤醒的形象。这也就解释了孩童的尸体为什么会被自己的母亲所误认。接下来的情形，虽然已经过去很长时间，但又被一些报纸再次说起。从中我们便能准确地看到刚刚提到的暗示感受性发生的两个步骤。

> 有个孩子认出了这个小孩——但那个孩子搞错了。接着便展开了一系列糊里糊涂的辨认。
>
> 然后发生了一件不同寻常的事情。在学生辨认出尸体的第二天,一个妇女尖叫着:"啊!天哪,这是我的孩子!"
>
> 有人将她带到尸体旁边,她检查了遇难者的衣着,看到前额有一道伤口,说:"这就是我可怜的儿子,他七月底就不见了。有人从我这儿把他拐走又杀了他!"
>
> 这个女人名叫夏凡德雷,是福尔街的一个门房。当局叫来了她的小叔,这个人没有多想就说:"这就是小菲利贝尔。"几个住在福尔街的人也把这个孩子认成了女门房的菲利贝尔,其中就有孩子的老师,他的根据是一枚纪念章。
>
> 得了吧!邻居们、小叔、学校的老师以及母亲,他们一个个都搞错了。6周过后,亡童的身份得以确定。这个孩子来自波尔多,也在波尔多遇害,后来才被运到了巴黎。①

我们注意到这些指认通常由妇女或者孩童做出,即由一群准确来讲感受性强的人所给出。他们也告诉我们在审判过程中这类证词的真正价值,尤其是涉及孩童的时候。永远不要采纳孩童的证词。法官们一致认定孩童是不会撒谎的。但是只要有一点心理学方面的基本素养,他们就会明白:恰恰相反,孩童几乎总在

---

① 《闪电》(Éclair,法国巴黎地区的报纸——译者注),1895年4月21日。

说谎。这些谎言肯定是无心的，但是即便无心为之，毕竟也是谎言。所以，宁愿采用抛硬币的方式来裁决某个被告，也不要像以前那样，总是根据孩童的证词去判处被告。

回到群体的所见所闻上，我们得出的结论是：群体的集体观察是最不可靠的。在绝大多数时候，它是某个个体的简单幻想，通过传染的方式，被暗示给其他人。我们可以完全不用理会群体的证词，为了证明这一点，我们可以追加无数的例子。成千上万人参加了色当战役里有名的骑兵突击战，但是根据那些自相矛盾的目击证词，我们无法确定这场战役究竟是由谁指挥。在一本新近出版的著作中，英国将军沃尔斯利[1]表示：到目前为止，滑铁卢战役中一些最重要的事实，我们一错再错，大错特错。但是这些事实却得到数百位目击者的确认。[2]

这些事例向我们展示了群体证词的价值。在逻辑论中，为了准确地证明某个事实，我们需要援引大量一致的证据。然而我们所知的群体心理学知识却表明，在这一点上，逻辑论得被全盘推

---

[1] 沃尔斯利（Garnet Joseph Wolseley，1833—1913），亦译为吴士礼，曾任英国陆军元帅、总司令；此前还作为随军军需官参加了第二次鸦片战争。著有《拿破仑衰亡史》《1860年对华战争纪实》。——译者注

[2] 哪怕就一场战争而言，我们能知道它的具体经过吗？我对此相当怀疑。我们知道哪方得胜哪方落败，除此之外，我们一无所知。作为亲历者和作者，德哈考特对索尔费里诺战役（1864年6月，拿破仑三世联合撒丁王国对奥地利帝国发动的战役，是奥意法战争中的最后一场战役。——译者注）的报道，可以应用到任何一场战争中："将军们（自然是在向数百位目击证人打听过后）呈交了他们的报告；勤务官将这些文件修改一番，起草了一个最后的草案；参谋长否定了这份报告，并重新折腾制订了一份新报告。他把这份报告送给元帅，元帅批复：'你们全都搞错了！'于是又推倒重来。"以此为例，德哈考特先生证明，即使是那些给人留下最深印象且被观察得最为全面的事件，人们亦无法确定其真实性。

倒重来。目击者最多的事件，恰恰最让人心存疑虑。如果说一件事同时被几千个目击者所证实，通常，那也就是说，真实的事件已经和被人们所接受的事件大为不同了。

以上所述清楚地告诉我们：人们应当把历史书当作纯粹的想象。它们是对一些事件异想天开的叙述。这些事件没有被好好考察，还夹杂着事后的解释。与其浪费时间写这类书籍，不如搅拌石膏来创作一些更有价值的作品。如果逝去的时光没有给我们留下与它相关的文学、艺术及不朽之作，我们绝对会对在过去发生的真实事件一无所知。诸如赫拉克利特、释迦牟尼、耶稣和穆罕默德，这些在人类史上发挥过统领作用的伟人，我们难道知道关于其生平的真实信息吗？很有可能我们什么也不知道。此外，说到底，对我们而言，他们的真实生活一点也不重要。我们有兴趣知道的，是由通俗传说制造出来的伟人。能让群体心理产生强烈共感的，根本不是真实的英雄，而是传说中的英雄。

不幸的是，尽管被书籍固定，传说自身一点也不稳定。时代不同，尤其是自身族群的变化，会让群体的想象力不断改编传说。《圣经》上的那个耶和华，和圣女德兰爱慕的上帝之间有着很远的距离，中国人供奉的如来佛祖跟印度人崇拜的释迦牟尼之间也没有共同的关联。

群体的想象力对英雄传奇的改编，甚至不需要历时数百年就能完成，有时短短几年就能成功。我们在当代就已经目睹了一位历史伟人的传说，在短短50年间数次被改的过程。在波旁王朝，拿破仑是一位不恋权位，如田园诗般美好的人物；他自由开明，是庶民的朋友。诗人们以为他会被乡村人民长久地铭记。30年后，这位宽厚的英雄变成了篡权夺位、践踏自由的残暴君主，他为了满足一己私欲而将 300 万人置于险地。时至今日，我们也参与了这个传说的新一轮改编。倘若这个传说再过几千年，将来的学者在看到这些相互矛盾的叙述后，可能会质疑这位英雄是否真的存在过。就像学者们有时怀疑释迦牟尼的真实性一样。他们只会在释迦牟尼身上看到某些与太阳相关的神话，或赫拉克利特式的传说的延伸，因为相比今日，对群体心理学了解更多的他们明白，除了神话故事，历史几乎没有留下什么。

三、过激且简单的情绪

无论是哪一种情绪，好的还是坏的，只要是由群体表现出来的，都会有极其简单和十分过激的双重性格。在这方面，就像在许多其他方面一样，群体中的个体与原始人很接近。他不能区分细节，对事情一概而论，不知道周转变通。在群体里，因为表露出来的情绪通过暗示和感染快速传播，这使得他们的情绪变得更为激动。而作为暗示和传染的目标，个体的明显认同又大大激化了情绪。

群体在情绪方面的过激和简单让它自己既不知质疑，又不知何为不确定。群体很容易走向极端，猜疑会很快变成不容置疑的铁证。猜忌和指责的苗头，孤立的个体不会在意，却马上会被群体中的个体转变为凶猛的憎恨。

因为责任的缺失，群体情绪上的暴力行为更加过激，这一点在异质群体身上更加明显。群体确信自己将免于责罚——而且当群体人数越多，并意识到人数众多会在有些时候产生可观力量时，这种确信就更加强烈。这让他们能做出一些孤立个体所无法做出的行为，表现出一些孤立个体所不具备的情绪。在群体中，愚昧之辈、无知之徒和善妒之流，纷纷从无用感和无力感中得到解脱，那种粗暴、短暂但巨大的力量感取而代之。

不幸的是，群体的过激通常只是表现在恶劣情绪方面。它是原始人的本能通过隔代遗传而留下来的后遗症。正是这种过激，让群体能被轻而易举地引向极端的恶行。而出于对惩罚的担忧，有责任感的孤立个体能够抑制这种本能。

然而这并不意味着，群体无法在巧妙的暗示下变得具有英雄主义、牺牲精神以及高尚的道德。在这些方面，他们甚至胜过孤立的个体。在研究群体的道德性时，我们很快就会有机会回到这一点上来。

群体在情绪方面表现得很过激，因而只会对极端情绪印象深刻。演说家若要蛊惑群体，必须信誓旦旦、咄咄逼人。夸大、肯定以及重复，这些就是民众集会时的演说家们惯用的辩论手段，绝对不要尝试说理说教。群体还希望他们的英雄们在情绪方面也像自己一样过激。这些英雄表现的素质和道德也必须总被放大。有一种评论说得不错：群体要求一出戏的英雄们英勇无畏、品行端正，还得道德高尚，但这些在生活里根本无法实现。

有人曾有理有据地讨论过剧院特殊的视觉效果。这种视觉效果无疑是存在的，但是在绝大多数时候，它的规则与常识及逻辑毫无关联。吸引群体的艺术毫无疑问不属于高雅艺术，但也要求特殊的才干。我们通常无法通过阅读剧本来解释一些戏剧的成功。在绝大多数时候，剧院经理在收到一些剧本时也很难确保这些演出能取得成功，因为若要做出判断，他必须能把自己转变成群体。① 在这里，如果我们能够展开的话，还要提一下族群的绝对影响力。让一个国家举国沸腾的戏剧，有时在另一个国家却一点儿也不成功，或者只是反响平平，那是因为它并不具备发动新观众的活力。

群体的过激只是针对它们的情绪而言，不会对智力有影响。我不需要对这一点加以补充，因为我已经让大家明白，个体一旦处于群体之中，他的智力水平立马会严重降低。塔尔德先生在他关于群体犯罪的研究里同样对此有所表述。因此，只有在情绪的范畴里，群体才会大起大落。

四、群体的偏执、专横和保守

群体只知道简单且过激的情绪；对那些通过暗示提供给他们的意见、想法和信念，他们囫囵吞枣地接受，或全盘否定地拒

---

① 这就能让我们明白为何有时有些被所有剧院经理拒绝的剧本，偶然上演时会获得异常的成功。我们知道戈贝（François Coppée，1842—1908，又译为科佩、科贝，法国诗人、小说家、剧作家，代表作有《平凡人》《遗物盒》等。——译者注）的剧本《为了王冠》大获成功，然而尽管作者是大名鼎鼎的戈贝，但这部戏在过去10年间曾被所有的一线剧院拒绝。《夏莱的姨妈》[英国剧作家布兰登·汤玛斯（Walter Brandon Thomas，1848—1914）的作品，在1892年被搬上舞台。——译者注] 同样曾被所有的剧院拒绝，最后由一名证券经纪人出资才得以被搬上舞台，结果在法国上演了200多场，在英国更是多达1000多场。如果不采用上文的解释，我们就无法理解，为何拥有权势的剧院经理，无法在精神层面上替代群体，以及为何这些有能力并竭力避免犯下大错的人，会做出一些荒谬的判断。这个话题值得深入研究，但我不会在这里展开。

绝，并把这些当作绝对的真理，或绝对的谬误。信仰历来都是通过暗示的方式才得以确立，而不是依靠推理产生。宗教信仰是专横的，它们是严控人心的专制帝国，这一点广为人知。

一方面，群体对何为真理、何为谬误毫无疑窦；另一方面，他们又清楚地知道，自己有力量。因此，群体还是专横和偏执的。个体可以忍受反驳，允许商议，但在群体身上这些绝无可能存在。演讲者在民众集会上即使是发出最微不足道的反驳，也会立刻招来一片猛烈的抨击和怒气冲冲的叫骂，随之而来的群起而攻之，让演讲者无法继续。如果有所顾忌的执法人员不在场，异见分子通常会被杀害。专横和偏执是所有不同类型的群体的常态，只是各自的表现程度大相径庭；族群，这一决定了人类所有情绪和思想的基本观念，在此又一次体现。这种专横和偏执在拉丁人群体身上尤为突出。他们甚至专横偏执到可以完全消解盎格鲁-撒克逊民族身上那种强烈的个体独立情感。拉丁人群体仅仅对它们所属教派的集体独立性有感觉。这种独立性的特点就在于：它快速而残暴地让所有异端分子服从拉丁人群体信仰的需要。在拉丁民族中，自从设立宗教裁判所开始，雅各宾派无论身处何时，对自由的理解就再也不曾上升到其他高度了。

对群体而言，专横和偏执都可谓显而易见，他们能轻易酝酿并接受此类情绪。一旦有人在群体中煽动起这些情绪，他们就会付诸实践。群体低眉顺眼地敬畏武力，对仁慈却没什么反应，后者对它们而言只是软弱的一种表现。它们从未对温厚的导师有过好感，而是认同那些用强力碾压他们的暴君。群体总是为这些暴君们立起最高的塑像。要说群体也会肆意践踏倒台的专制者,那也是因为他失去权力后,又变回了弱者,人们不再惧怕他,因而蔑视他。群体的尊崇英雄永远只会是恺撒式的。这些英雄会用翎饰诱惑群体,拿权威勒令群体,还会以刀剑威慑群体。

群体时刻准备揭竿而起,去推翻一个衰弱的当权者,但又会向一个强大的当权者卑躬屈膝。如果当权者的权威时弱时强,那么被极端情绪所掌控的群体,就会时而奴颜婢膝,时而奋起造反。

不过,若以为群体的革命本能有着决定性的影响,我们就会大大误解了群体的所思所想。在这一点上,不过是群体的暴力倾向让我们产生了错觉。他们爆发的叛乱与破坏行为历来都只是昙花一现。群体太过受制于无意识,因此也过于顺从古老世袭制度的影响,难免变得极度保守。

如果听任他们由着自己的性子胡来,群体很快就会厌倦自己的漫无秩序,并本能地走向奴颜婢膝。正因如此,当波拿巴废除一切自由,让人苦尝铁腕之威的时候,最坚决拥护他的,正是最骄傲、最不服从管教的雅各宾派。

如果不考虑群体深刻的保守本性,我们就很难理解历史,尤其是民众革命的历史。群体非常期待政权更迭,有时它们甚至不惜通过暴力革命来实现这种转变;然而旧制度在本质上仍然反映着族群对世袭制的需要,这种需要根深蒂固,所以对于变化,群体也并非总是心向往之。他们的反复多变,只涉及事物的表面。实际上,群体和原始人一样,有着顽强的保守本能。对传统,他们盲目而绝对地尊崇;对所有能真正改变我们生存状态的新事物,他们非常强烈且出于本能地恐惧。如果民主政治在纺织机、蒸汽机和铁路发明的时代就拥有现在的力量,那么这些发明都不可能出现,即使出现,也得付出革命和不断杀戮的代价。文明的进步是非常幸运的,因为科学上的重大发现以及工业的完成,都早于群体得势。

五、群体的道德

如果我们仅仅把"道德"看作一如既往地尊重一些社会习俗,或是不断地抑制自私的冲动,那么毫无疑问,群体实在太冲动、太善变,从而很难与道德产生联系。但是,如果我们在"道德"这个术语里引入一些仅在某个时间段出现的品德,如忘我、忠诚、无私、自我牺牲以及对公平的渴望,我们可以说正好相反,群体的道德在某些时候非常高尚。

为数不多的研究群体的心理学家们,只是从作奸犯科的角度来观察群体。他们看到这些犯罪行为出现得如此频繁,就觉得群体道德水平十分低下。

群体通常无疑是这样的。但原因何在?简而言之,是因为远古时代的残留,亦即具有破坏性的凶残本性,沉睡在我们每一个人的体内。满足这些本能对孤立的个体而言是危险的,然而当孤立的个体被吸收进一个不用为自己的行为承担后果的群体,进而从中得到免于责罚的保证后,他就获得了释放本能的自由。通常因为我们不能在自己同类身上释放这些具有破坏性的本能,大家便将其发泄在动物身上。群体对狩猎和施暴有着普遍的激情,而这种激情有着一致的根源。群体逐步残杀一个无法反抗的受害者，即是一种胆怯的残忍的体现；而在哲学家眼中，这种残忍与十几个猎人为了取乐而带着各自的猎犬围猎、追逐一只可怜的麋鹿并将其开膛破肚，非常接近。

群体可以杀人纵火、无恶不作，可它同样也能做出高度忠诚、牺牲以及无私奉献的行为，孤立个体甚至还达不到这样的高度。正是在群体中，个体会为了名誉、荣耀、信仰和国家而慷慨激昂，丢掉性命在所不辞。类似十字军东征和1793年的例子，历史上俯拾即是。只有群体才能做到崇高的大公无私和伟大的舍身奉献。

为了那些他们一知半解的信仰、观念和口号，有多少群体英勇无畏地赴死捐躯！那些参加罢工的群体，比起多拿到一点让他们满意的微薄工资，更多是为了服从一道指令。在群体中，个人利益很少成为强劲的动力，但是个人利益却几乎是孤立个体唯一的行为动机。能促使群体多次投身战争的，也绝不是利益。以他们的智力水平，绝大多数时候理解不了这些战争。在战场上，他们任由自己草率地惨遭杀戮，就像云雀被猎人操控的镜子所玩弄。

即便是十恶不赦的坏蛋，在很多时候，只要他们集聚成群，在某一刻，他们也会表现出严格的道德纪律。泰纳先生注意到，九月屠杀[①]的屠杀者们，把在受害者身上找到的钱包和珠宝放在委员会的桌子上，而他们本可以轻易将这些东西拿走。1848年革

[①] 指1792年9月在巴黎及其他一些地区爆发的屠杀风潮。——译者注

命期间，那些叫嚣骚动的悲苦群众，在侵入杜伊勒里宫[①]时，没有掠夺任何在他们眼皮下闪耀的物品——哪怕随随便便一件就能换来好些天的面包。

群体能教化个人道德，当然这并不是一条恒定不变的铁律，但却是我们能经常看到的。在一些远没有我之前所列举的例子严重的状况下，我们也能看到这种道德教化的作用。我之前说过，剧院里的群体希望剧本里的英雄们具有夸张的美德。有一点显而易见，那就是观众即便由一些素质低下的人所构成，通常也会表现得一本正经。那些职业浪荡子、小白脸以及玩世不恭的流氓，经常会在听到有些出格、轻佻的对白后窃窃私语，然而这些戏剧场景与他们日常的对话比较起来，实在是天真无邪。

因此，虽然群体沉湎于低级本能，他们有时也会树立一些崇高德行的典范。如果说对一个理想——无论它是想象的还是真实的——无私、顺从和忠诚，是有道德操守的表现，那我们可以说群体通常很有道德。而他们的道德高度，即便是最睿智的哲学家也难以企及。当然群体也许是在自己都意识不到的情况下，实践了这些道德。然而这无关紧要。我们不要过于责备群体总是被无意识所控制而无法理性思辨。如果群体时不时地理性思考，并顾及自己的当下利益，那么我们这个星球的表面可能根本不会出现文明，人类也无法拥有自己的历史。

---

① 杜伊勒里宫（Palais des Tuileries），法国王宫、皇宫，坐落于巴黎塞纳河右岸。1559 年法王亨利二世驾崩，其遗孀卡特琳·德·美第奇决定搬出亡夫居住的卢浮宫，另建新宫殿。这一宫殿即后来的杜伊勒里宫，由菲利贝尔·德洛姆设计，于 1564 年破土兴建。其后几个世纪，宫殿历经翻修、扩建，直至 19 世纪 60 年代。1871 年，宫殿毁于火灾。——译者注

第三章　群体的思想、推理和想象

一、群体的思想 / 根本思想和次要思想 / 相互矛盾的思想是如何共存的 / 为了能被群体所接受，深奥的思想必须经过改造 / 思想的社会作用与思想本身是否包含真理无关。二、群体的推理。群体不受推理的影响 / 群体的推理总处于低级范畴 / 那些被群体所吸收的思想只有表象上的相似和联系。三、群体的想象力。群体想象力的威力 / 群体通过形象进行思考，但这些接踵而来的形象之间毫无联系 / 群体总是被事物神奇的一面所打动 / 神奇的事物与传奇人物是文明真正的支柱 / 民众的想象力永远都是当权者权威的来源 / 能冲击群体想象的事件是如何产生的

一、群体的思想

我们在前一本著作中已经分析过民族发展过程中思想的作

用，我们认为每一种文明都起源于少数几种基础思想。这些思想极其固化。我们还展示了这些思想在群体心灵扎根落户的过程，它们渗入其中时所遇到的困难，以及一旦成功能获得的力量。最后我们还了解到历史大动乱的根源往往就是这些根本思想发生的转变。

我已经充分分析过这些，此处不再赘言。现在我只想稍微说说群体所能接受的思想，以及群体在何种形式下才能理解这些思想。

我们可以把这些思想划分为两类。一类是偶然的、暂时的思想。它们在时事的影响下产生，例如对某个人的迷恋，对某种学说的痴迷。另一类是根本思想。环境、遗传以及舆论使得这些思想异常稳固，例如从前的宗教信仰，今天的社会主义和民主思想。

根本思想就像一条水流缓慢的河里的河水，丰沛充盈；暂时的思想就好比河面上跳动的小浪花，永远变化多端。尽管后者实际上并不重要，但比起河水本身的流动，毕竟小浪花更容易被观察到。

时至今日，我们父辈们赖以生存的伟大的根本思想越来越站不住脚。它们失去了所有的稳定性。同时，那些根植其上的制度也完全在摇摇欲坠。日复一日，许多我刚刚谈论过的过渡性小思想得以产生，但是它们当中只有极少数能明显地壮大，并统领全局。

无论我们向群体暗示的是何种思想，只有满足一个条件才能让它们变得举足轻重，那就是这些思想必须具有一种非常绝对且极其简单的形式。因此，这些思想会披上形象的外衣。也只有通过这种方式，它们才能被民众所接受。这些形象化的思想相互连接，彼此之间却没有任何逻辑上的相似和延续。它们还可以相互取代，就像叠放在投影仪盒子里被人抽出的幻灯片。这就是为何在群体身上，我们能看到自相矛盾的思想并肩共存。随着时势的变化，群体所能理解的多种思想中的某一种会影响到他们。因此，群体会有一些最不一致的行为。但批判精神的全然缺失，让他们无法意识到这些行为的矛盾之处。

这并不是群体所特有的现象。我们在许多孤立个体身上——不仅仅是原始人，还包括那些思想上某些方面与原始人接近的所有人，例如宗教信仰上的虔诚信徒——也观察到这种现象。我曾在一些印度教徒身上，看到这令人费解的现象。这些有教养的印度教徒在欧洲大学里接受教育，并取得了学位。在他们一成不变的宗教思想或承袭先辈的社会观念的深处，一套与这些没有源属关系的西方思想叠加其上，并且丝毫没有损害前者。在不同的时机下，它们分别随着各自特殊的言行表露出来，同一个人因而表现出不容置疑的矛盾性。然而，这些矛盾性更多只是表象，而非真正存在，因为那些代代相传的思想足够强大，是孤立个体唯一的行为动机。只有在异族通婚的情境下，个体才会发现自己身陷不同传统的冲击之中，他的行为也才会真正时不时地完全自相矛盾。尽管这种现象在心理学上十分重要，我们在此纠结毫无用处。我认为至少需要10年的观察，才能理解它们。

思想只有在具有简单的形式之后，才会被群体所接受。如果这种思想要广为人知，通常就必须接受极为全面的改造。尤其是当涉及略显深奥的哲学或科学思想的时候，我们就能看到这种转变的深入——它们一点一点地把自己降低到群体的水平。这些转变因群体及群体所属族群的种类而异；但它们却总在弱化、简单化。这也就是为什么从社会的角度看，思想上的等级几乎不存在，也就是说很少有思想上的高下之分。无论某种思想原先是如何的正确或伟大，一旦它被群体所接受并能对其产生作用，那些所有让它高深和伟大的成分就都被剥夺殆尽了。

此外，从社会的角度看，一种思想在等级上的价值是不重要的。我们需要关注的是思想所带来的效果。中世纪的基督教思想，18世纪的民主观念，以及当代的社会主义思潮，它们已经产生或将要产生巨大的作用，在很长一段时间里，还将是决定民族走向的基本因素之一。

然而即便思想经受一些改造，让其能被群体所接受，它也只有在渗入无意识层面并变成一种情感后，才会对群体产生作用。通常转变成情感所需要的时间很长。至于思想渗入无意识层面的多种方式，我们会在别处研究。

事实上我们不应该相信，一种思想仅仅因为正确就可以产生效果。即使对那些受过教育的智者来说，亦非如此。看到那么多铁证如山对大多数人影响寥寥的事情后，我们会很快明白这个道理。某个受过教育的人可能会接受一个十分明显的证据，这是显而易见的；但是这位新的信徒很快就会被他的无意识带回原来的想法。几天之后我们再见到他，他会为你旧调重弹，一字不改。实际上他是受到先前思想的影响；这些先前的思想，已转变成情感，是唯一能对我们言行的深刻动机起作用的思想。个体如此，群体亦不会幸免。

然而当一种思想通过多种方式最终渗入群体的心灵后，该思想就会拥有一股所向披靡的力量，还能产生一系列群体心灵所必须承受的后果。引发法国大革命的哲学思潮用了将近 1 个世纪才被植入群体心灵。我们已经知道，这一思想扎根后，它的力量是多么的无可匹敌。整个民族猛然冲向社会平等的达成，冲向抽象权利和完美自由的实现，让所有的王室宝座摇摇欲坠，深深震撼了西方世界。在 20 年的时间里，各个民族之间互相进攻，欧洲领略了就连成吉思汗和帖木儿都要胆战心惊的大屠杀。一种思想的狂热所产生的力量如此之大，世上前所未见。

思想想要在群体心灵扎根需要相当长的时间，但想要从中脱身而出，所费时间也不会短。因而在思想层面上，相较于学者和哲学家，群体总是落后数代。时至今日，政治家们心里都非常清楚，我刚刚列举的基本思想含有荒谬之处，但是因为这些思想仍然起着强大的作用，他们不得不遵循那些自己根本不相信的原则治国安邦。

二、群体的推理

我们也不能一口咬定群体不会推理且不受推理的影响。但是从逻辑的角度看，群体所接纳、采用的论据，如此不入流，只能说是像推理了。

一如高级推理，群体的低级推理也是以观念的联想作为基础；然而被群体联想起来的观念，彼此之间只有一些表面上的相似性或连续性。这些想法联系在一起的方式，就像爱斯基摩人的思维模式。爱斯基摩人的经验告诉他们透明的冰可以融于嘴中；因此他们得出结论，同样透明的玻璃也能在嘴里融化。或许还像野蛮人。野蛮人幻想能通过吞食一名勇猛敌人的心脏来获得他的胆量。又或许还像工人。工人在被某个雇主剥削后，会立刻认为所有的雇主都是剥削者。

对彼此不同的事物产生联想，哪怕这些事物彼此之间只有表面的联系，并且迅速将特殊情况普遍化，这些就是群体推理的特点。那些懂得操控群体的人，给群体展示的也正是这种类别的推理；它也是唯一能对群体产生影响的推理。一系列符合逻辑的推理是完全无法被群体所理解的，正因如此，我们可以说群体不会推理或只会错误地推理，并且不受推理的影响。读到一些漏洞百出却能对聆听群众产生巨大影响的演讲文本时，我们有时会大跌眼镜；可别忘记了这些演讲原本就是为了吸引群体而做，而不是写来让哲学家阅读的。演说家通过与群体的密切交流来获得能唤醒群体的形象。如果他能成功，他就可以达到自己的目的；通常那些绞尽脑汁写出来的长达 20 卷的长篇大论，还比不上几句能打动他想要征服的群体的头脑的句子有用。

不必再画蛇添足地补充说正因为群体没有推理能力，他们才无法获得批判精神，即不能明辨是非，无法对所有的一切做出准确判断。群体所接受的判断，从来都不会是一些经过讨论的判断，只能是一些强加在他们身上的判断。在这一点上，比群体好不了多少的人比比皆是。某些见解能轻而易举地得到大家的认同，最主要的原因在于很多人无法以自己的推理为基础，形成一个独到的观点。

三、群体的想象

正如那些无法推理的人，典型的群体想象十分活跃，且异常强大，能给人留下深刻的印象。那些在群体脑海中由某个人、某个事件，或某场事故所唤醒的形象，几乎拥有真实事物的活力。群体有点像理性暂时停止运作的睡眠者，任由那些形象在脑海里翻江倒海，但是一旦群体开始思考，它们就会烟消云散。因为既无法思考，又不会推理，群体不知道有些事情其实欠缺说服力；不过，通常那些难以置信到无以复加的事情，也最能打动人。

正因如此，让群体印象最为深刻的，总是事件充满传奇性和不可思议的一面。当我们分析一种文明时，我们会看到实际上传奇和不可思议的人和事，才真正支撑着文明。在历史上，表象总起着比实体更重要的作用。非现实一直凌驾于现实之上。

群体只会借助于形象来进行思考，也只有形象能打动他们。

唯有形象，能恐吓或引诱群体，并成为它们的行为动机。

也正因如此，采用最清晰可见的方式来展示人物形象的戏剧表演，总能对群体产生巨大影响。在古罗马平民的眼中，面包和戏剧构成了理想中的幸福，除此之外他们别无所求。时光流逝，这种理想甚少转变。除了戏剧表演，再没有事物能对所有类型的群体的想象，造成更强烈的印象了。整个大厅的观众在同一时间体验同样的情感，如果这些情感没能立刻转变为行动，那是因为即使是头脑最混乱的观众，也知道自己只是幻觉的牺牲品，他只是为想象中的奇遇哭或笑。然而有时通过形象被暗示的情绪是如此强烈，它们可能会转变为行动，就像暗示通常所起的作用一样。人们多次谈起这样一件事：一家有名的只上演阴郁悲剧的戏院，不得不在剧院出口处保护饰演背叛者的演员，让他可以逃离某些嫉恶如仇的观众的暴力攻击，尽管这个背叛者所犯下的罪行是被想象出来的。我认为，这就是群体精神状态最值得关注的表现之一，它尤其能体现人们施加暗示的技巧。对群体而言，非现实与现实有着几乎一致的作用。显而易见，他们更喜欢将两者混为一谈。

在民众想象的基础上，征服者的权威和国家的力量得到确立。而要想引诱群体，更是要对民众的想象好好下一番功夫。所有重大的历史事件，如佛教、基督教以及伊斯兰教的诞生，宗教改革、法国大革命，以及我们当代社会主义充满威胁的传播，都是在群体想象上产生的深刻影响的直接或间接的后果。

与此同时，每个国家在不同时代出现的所有伟人，包括最专横的独裁者在内，都把民众想象视为自己权威的基石，在治理国家时，他们从未想过与之背道而驰。拿破仑曾在国会中说道："我把自己变成天主教徒，于是我结束了旺代战役；我把自己变成穆斯林，于是我被埃及人接受了；我把自己变成了教皇的绝对拥护者，于是我赢得了意大利教士的支持。如果我要统治一个犹太人的国度，我会重盖一座所罗门神庙。"或许自亚历山大和恺撒以来，从未有过任何一位伟人比拿破仑更加明白如何影响群体的想象。他一直致力于左右群体的想象。他在自己的胜利、演讲以及言行中将其铭记于心。即便卧床临死之际，都还对此念念不忘。

怎样才能影响群体的想象？答案即将揭晓。现在我只能说，在智力和理性上面做文章的尝试，即采用论证的方式，从来没有成功过。安东尼并未采用说教的方式，来煽动民众反抗谋害恺撒的凶徒。他只是向民众宣读恺撒的遗言，外加展示他的遗体。

所有能够打动群体想象力的事物，都是通过一种十分鲜明且惊人的形象而展现出来，此外则没有任何附属的解释；或者仅伴有一些神奇或神秘的事件。这些事件可以是一场伟大的胜利，一次重要的奇迹，一件滔天的罪行，或一个宏大的愿望。我们应当以整体的面貌介绍事物，千万不要指出这些事物的起源。100件小的罪行或者100场小的事故，根本不会让群体展开想象；然而单独一件大恶行，一场重大事故，则会让群体印象深刻，即便它们造成的伤亡，比那100场事故累加的伤亡要少得多。几年前，一场流感数周内仅在巴黎就造成5000人的死亡，群体想象对此事却没什么反应。其原因在于，这场真实的、大规模的死亡事件并没有被可见的形象表现出来，而仅仅出现在每周发布的统计数据里。与此相反，假设同一天，在一个公共场合发生了一场夺人眼球的事故，例如埃菲尔铁塔倒了，即使它只是让500个人失去生命，而不是导致5000人的死亡，却会在群体的想象上留下难以磨灭的印象。一艘横渡大西洋的失联客轮，疑似已经在汪洋大海中沉没的消息，持续了整整一周，给群体的想象带来深刻影响。然而官方数据显示，当年遇难的船只就有近千艘。即使这些接二连三的海难，在生命和财产方面的损失，比起那艘失事的渡

安东尼并未采用说教的方式,来煽动民众反抗谋害恺撒的凶徒。他只是向民众宣读恺撒的遗言,外加展示他的遗体。(图为恺撒)

洋客轮惨重得多,却得不到群体片刻的关注。

因此,影响群体想象的,不是事实本身,而是事实得以扩散以及呈现的方式。通过对事实进行提炼——如果允许我这样表述的话——群体会制造出一个惊人的形象。这个形象会充斥群体的头脑,使他们不得安宁。所有深谙左右群体想象这门艺术的人,同样也通晓驾驭群体的艺术。

第四章　所有群体信仰都具有的宗教的形式

宗教情感的构成 / 宗教情感与对某个神的崇拜无关 / 宗教情感的特点 / 具有宗教形式的信仰的力量 / 五花八门的例子 / 民众的神灵从未消失 / 这些神灵复活的方式 / 无神论的宗教形式 / 从历史的视角审查这些基本概念的重要性 / 宗教改革、圣巴托罗缪大屠杀①、大恐慌以及所有类似的历史事件，都是群体宗教情感所带来的后果，并不是由孤立个体的意志所造成

我们在前文已经揭示：群体不会推理，他们囫囵吞枣地接受或者拒绝思想；它们既无法忍受讨论，也不能接受辩驳之声；对

---

① 圣巴托罗缪大屠杀，亦称为圣巴泰勒米大屠杀。法国天主教暴徒对国内新教徒胡格诺派的恐怖暴行，始于1572年8月23日至24日夜间（8月24日即为纪念耶稣十二门徒圣巴托罗缪的圣巴托罗缪节），并持续了几个月。该事件最终成为法国宗教战争的转折点。——译者注

他们起作用的暗示，彻底侵入他们的智识领域，并倾向于立刻转变为行动。我们还指出，受到恰当暗示的群体，为了那个被暗示给他们的典范，准备好了鞠躬尽瘁。我们还看到，群体只能感受到粗暴和极端的情绪，所以他们会很快把好感转化为仰慕，而一旦心生反感，他们也会将反感演变成憎恨。这些普遍特征足以让我们揣测群体信仰的本质。

无论是在宗教崇信的时代，还是在政治大暴动中——例如18世纪那场，当我们近距离地考察群体信仰时，我们就会发现，这些信仰总是具有一种特殊的形式。我称之为宗教情感，除此之外，我也找不出更好的措辞了。

这种情感有着十分简单的特点：仰慕一个假设的至上的存在者，畏惧别人为之虚构的神力，盲目地服从他的指令，他的所有信条都不容商议，渴望把这些信条发扬光大，并倾向于把所有不认同这一切的人当成敌人。这种情感不仅仅适用于一个不可见的神，还适用于一尊石头或者木头的偶像，一位英雄或者一种政治主张，一旦它身上表露出上述的特征，它的本质就永远是宗教的。同等程度的超自然现象和圣迹，亦可在此发现。对于让群体一时狂热起来的某种政治术语，或是某位获胜的领袖，群体会下意识地为之赋予一种神秘的力量。

当人仅仅仰慕一个神灵时，他还算不上虔诚。但是当人把所有智识上的才能、所有意愿上的顺从以及所有狂热的激情，都奉献给某项事业或某个人，且这项事业或这个人变成其思想和行动上的目标及向导时，他才是虔诚的。

偏执和狂热崇拜必然与宗教情感如影随形。那些自信掌握了尘世或者永恒幸福秘密的人，也摆脱不了这两点。所有受某种信仰鼓动而集结成群的人身上，都有这两个特点。大革命恐怖时期的雅各宾人，本就和宗教裁判所时期的天主教徒一样极度虔诚，连他们残暴热情的来源都一致。

群体的信念具有以下特点：盲目的服从、野蛮的偏执和对狂热布道的渴望。这些特点都是宗教的内在情感。这就是为何我们可以说，群体的一切信仰都具有宗教的形式。对群体而言，他们为之欢呼喝彩的英雄其实就是一个神。拿破仑在长达15年的时间里被奉为神，且还没有哪位神拥有比他更理想的仰慕者，也没有哪位神灵比拿破仑更轻松地致人于死地。无论是基督教的神，还是异教徒的神，都从未对那些被他们征服的灵魂，施行更为绝对的控制。

所有宗教信仰或政治信仰的缔造者之所以能建立这些信仰，都是因为他们成功地激发出群体狂热的情感。这些情感让个人在仰慕和顺从中找到自己的幸福，并准备为偶像献出生命。此事古往今来，大都如此。甫斯特尔·德·库朗热①在他那本描述古罗马时期的高卢的出色著作中，恰好注意到古罗马帝国并不是依靠武力，而是通过它所唤起的虔诚仰慕之情来维系的。他不无道理地说："一个被民众所憎恨的政权存活了5个世纪，这在世界历史上是绝无仅有的……人们解释不通，为何帝国的30个军团，居然能够迫使上亿人俯首称臣。"民众之所以服从帝国的统治，是因为象征着伟大古罗马的帝国皇帝，像神一样被所有子民爱戴。即使在帝国最小的乡镇里，也设有皇帝的祭台。"那时，从古罗马帝国的一端到另一

---

① 甫斯特尔·德·库朗热（Fustel de Coulanges, 1830—1889），法国历史学家。——译者注

端，处处可见一种新宗教在人们的心中兴起，而它的神就是皇帝本人。在基督教之前的几年里，60座城邦所组成的整个高卢地区，共同在里昂城附近盖了一座献给奥古斯都皇帝的神庙……由高卢城邦大会选出来的祭司，是各个城邦的首要人物……我们不可能把这一切都归为畏惧和奴性。一个民族不可能人人为奴，而且为奴长达300年之久。仰慕君王的，不是朝臣，而是古罗马；也不仅仅是古罗马，还有高卢、西班牙、希腊和亚洲。"

虽然当今大部分俘获人心的伟人，不再有祭台，但是他们有雕塑和画像。人们对他们的崇拜，跟以前相比，也并没有显著的不同。只有当我们深入了解群体心理的这一基本状况，我们才能稍微明白历史的规律。对群体而言，要么成为他们的神，要么一败涂地。

切莫以为，这些早已被理性驱逐殆尽，不过是另一个时代的迷信行为。在对抗理性的永恒之战中，感性从未落败。群体再也不想听到神和宗教的话语，毕竟他们已在两者的名义下，受到如此长时间的奴役。然而近100年以来，他们从未像现在这样，盲目崇拜如此众多的偶像。过去的神也未曾让群体立起这么多的雕塑和祭台。那些近年来研究过一场名为"布朗热主义"[①]的群众运

[①] 布朗热（Georges Ernest Boulanger，1837—1891），法国将军、政治家。布朗热1886年担任法国陆军部长，是法国当时最年轻的将军，以主张对德复仇而被称为"复仇将军"，他激进的政治主张及其口号"打倒无能和腐败的共和国"也深得人心，席卷全法国，掀起了以他名字命名的群众运动。他的个人威望于1889年1月赢得巴黎补缺选举时达到顶峰。此时，几千种布朗热的肖像在全国流传，数以百计的歌曲在歌颂他的"光荣"，成千上万的群众在歌剧院广场庆祝他的胜利，高呼"到爱丽舍宫去！"但他并未乘势发动政变，拿下总统宝座。随着一部分盟友（如克雷孟梭）放弃支持、新内阁上台后改革选举办法、一些核心团体遭到解散，以及布朗热听闻风声要逮捕他后逃亡国外，这场声势浩大的群众运动在不到一年的时间里急速降温，布朗热在追随者心目中的地位也一落千丈。当年9月30日，穷途末路的布朗热在比利时布鲁塞尔自杀。——译者注

动的人，就会发现群体的宗教本能是多么容易随时复活。在任何一间乡下小客栈，都可以找到这类英雄的画像。他被赋予惩恶扬善、匡扶正义的权力；数以千计的人为他捐躯送命。如果这位英雄的性格足以匹配他的传说，那他将会青史留名。

如此一来，反反复复地说着群体需要宗教，实是无用的老生常谈。因为所有的政治、宗教以及社会信条，只有在取得一种能让它们免于非议的宗教形式后，才能在群体中扎根立足。无神论要想被群体所接受，就应当具备宗教情感的那种偏执、狂热，而在这样的外在形式下，它很快会演变为一种盲目崇拜。在这一点上，实证主义这个小宗派的演变过程，为我们提供了一个奇妙的例子。深刻的陀思妥耶夫斯基向我们述说了虚无主义者的故事。但虚无主义者所遭遇的，实证主义者很快也将经历。有一天，在理性之光的指引下，他们撕毁了所有装饰教堂圣坛的神和圣人的画像，吹灭了蜡烛；随即他们又用几位无神论哲学家的著作取而代之，如毕希纳[①]和摩莱肖特[②]，之后再次虔诚地点燃了蜡烛。他改变了虔诚信仰的对象，但真就能说，他的宗教情感也变掉了吗？

我再次重申：我们只有对群体信仰总是采取的宗教形式有所了解，才能真正理解某些历史事件——确切而言，某些最重要的历史事件。我们更应从心理学而非自然主义的角度入手，来研究

[①] 毕希纳（Ludwig Büchner，1824—1899），德国生理学家、哲学家，著有《力量与物质》。——译者注

[②] 摩莱肖特（Jacob Moleschott，1822—1893），荷兰生理学家、哲学家，著有《生命的循环》。——译者注

那些近年来研究过一场名为"布朗热主义"的群众运动的人,就会发现群体的宗教本能是多么容易随时复活。(图为布朗热将军)

一些社会现象。我们的史学泰斗泰纳先生，只是在自然主义的层面上研究法国大革命，所以他通常无法把握事件的真实起因。他在每一项事实的观察上都无懈可击，但因为没有研究过群体心理学，他往往无法追根溯源。他惊惧于事件血腥、混乱且残暴的一面，根本没看到在那些伟大史诗中的英雄们那里，一群癫狂野蛮的乌合之众毫无羁绊地沉湎于自己的本能。大革命不过是在群体中构建了一种新的宗教信仰，唯有如此，它的暴力行为、屠杀、对宣传的渴望，及其对所有君主的宣战，才解释得通。宗教改革，圣巴托罗缪大屠杀、法国的宗教战争、宗教裁判所以及大革命恐怖时期，都是同一类型的群体事件。群众在宗教情感的煽动下，操起刀剑点起战火，毫不留情地将所有阻挡他们建立新信仰的障碍连根拔除。宗教裁判所的手段，正是所有真正信徒都会施展的手段。倘若他们选用了其他的方式，他们也就称不上信仰坚定了。

我刚刚列举的这类动乱事件，只有当群体想要实现它们的时候，才有可能发生。就连最专制的暴君也无法骤然启动它们。历史学家告诉我们圣巴托罗缪大屠杀出自君主之手，这只能说明这些人和君主一样，不懂群体心理学。这类事件只可能是群体心理的杰作。握有绝对权力、专制至极的君主，充其量也只能稍稍催化或延迟事件的发生。圣巴托罗缪大屠杀和宗教战争不是出自君主之手，恐怖时期亦非罗伯斯庇尔、丹东以及圣茹斯特策动。在这些事件的背后，我们能看见的从来都不是君主的力量，而是群体的本质。

第二卷

群体的主张和信仰

第一章　群体信仰与主张的远因

群体信仰的预备因素／群体信仰的诞生是早先发展的结果／对多种决定信仰的因素的研究。一、族群。族群的决定性作用／族群体现出祖先的暗示。二、传统。传统是族群精神的综合／传统的社会重要性／为什么失去必要性的传统会成为遗毒／群体是传统最顽固的捍卫者。三、时间。时间不断为信仰准备基础，接着又摧毁它／在时间的帮助下，我们才能在混乱中建立秩序。四、政治与社会制度。关于这两者角色的错误观念／政治与社会制度对群体信仰的影响微乎其微。它们是群体信仰的结果，不是原因／各民族不知道如何选择看来最适合自己的制度／制度这一标签，遮盖了同一名称下最截然不同的东西／宪法是如何产生的，对有些民族而言，采用一些理论上有缺陷的制度是必要的，例如中央集权制。五、教育与教化。当前关于教育对群体作用的一些错误观点／统计学上的说明／拉丁式教育的破坏作用／教育可能产生的影响／来自不同民族的例子我们刚刚研究了群体的精神构造，对他们感知、思考以及推理的方式已有所了解。现在，我们来考察一下群体的主张与信仰是如何产生与确立的。

决定这些主张与信仰的因素有两种——远因与近因。

远因使得群体能够接受某些信念，并不为其他信念所动。远因为那些突然萌发的新思想提供了土壤。这些新思想有着惊人的力量和影响，却只有外在的自发性。有些思想有时能以迅雷不及掩耳之势在群体中爆发，并付诸实践。但这只是表面现象，我们必须在这背后寻找一项久远的工程。

所谓近因，就是那些累加在这项少之则无效的长期工程之上的原因。它们最终能有效地说服群体，即让思想套上一定的形式并把它所有的影响激发出来。因为这些近因，能够瞬间发动集体的方案才得以涌现；某次骚乱得以爆发，某场罢工得以实现，芸芸众生得以把某人带向权力的顶峰，或者推翻某个政权，都是因为这种因素。

在所有重大的历史事件里，都看到这两种因素先后发挥的作用。在那些最触目惊心的事例中，我们仅以法国大革命为例。这场大革命的远因有哲学家的著作、贵族的掠夺和科学思想的进步。群体的思想在经过这番洗礼后，随后在一些近因的作用下——如演说家的演讲、宫廷对微小改革的抵触等，很容易就被激发了。

我们在群体所有的信仰和主张的深处，发现有些放诸四海而皆准的原因。这些远因包括族群、传统、时间、制度以及教育。

接下来，我们将会研究这些不同因素的影响。

一、族　群

　　族群这个因素必须被置于首位。因为就其本身的重要性而言，它远远超过其他所有因素。我们已经在前一本著作中透彻地研究了族群，在此不再赘述。在前一本著作中，我们说明了何为历史意义上的族群，以及一个族群在形成自己的特征之后，如何通过遗传法则而获得力量。这种力量是如此的强大，以至于族群的信仰、制度和艺术等，总之该文明的所有要素，都只是它本质的外在流露。我们也揭示了族群的力量是如此强大，以至于任何一种要素想要从一个民族传播至另一个民族，都不得不经过一番极为彻底的改造。[①] 环境、局势以及事件，这些都表现出一时的社会性暗示。它们可能产生深远的影响，但是如果这种影响违背了族群的暗示，即那整套来自先人的暗示，那它往往也只能是昙花一现。

　　我们将在本书的好几个章节里再次回到族群的影响上来，还会说明这种影响是如此深远，它决定了群体在本质上的独特气质。由此带来的事实是，不同国家的群体在信仰和行为上有着重大差别，而且不会被同一种方式所影响。

---

① 这仍是一个颇具新意的观点，如果没有它，我们就完全无法理解历史。我在我的前一本著作中用了好几个章节陈述它。读过那本书的读者会明白，尽管外在形式有时会骗人，但事实上，一言以蔽之，没有任何一个文明的要素，无论是语言还是宗教，能够原封不动地从一个民族传递到另一个民族那里。

二、传　统

传统代表过去的思想、需求和感受。这些东西是族群综合作用的结果，对我们而言举足轻重。

自从胚胎学证实了过往在生物进化过程中的巨大影响后，生物科学已经发生改变；若这一观念流传更广泛，那么历史科学领域会发生的改变，将不会小于生物科学。但这一观念普及得还不够充分，很多政治家仍然相信18世纪理论家的观念，以为在理性之光的引导下，整个社会可以与过去一刀两断，推倒重来。

民族是一个由历史创造出来的有机体，如同所有有机体一样，它只有通过缓慢的遗传积累才会发生变化。

左右人们的，尤其是集结成群的人们的，是传统；如同我屡次重申的，在传统方面，唯一能够轻易改变的，就只有一些名称和外在形式。

我们没有必要为此感到惋惜。因为如果没有传统，就不会存在民族气质，也不会有文明。正因如此，人类有史以来所关心的两件大事，就是创立传统结构，然后在传统的积极作用被耗尽时，再去努力摧毁它。没有传统，就没有文明；没有对这些传统的缓慢剔除，就没有进步可言。在稳固与变动之间找到一个恰当的平衡点并不容易，甚至难于登天。如果一个民族历经数代，留下了一些过于牢不可破的习俗，那这个民族就无法改变。暴力革命也对它无计可施，因为随后的结局会或是链条上被打碎的残片自我复原，过去的一切夺回自己的王国，原封不动；或是这些残片四散飘零，衰落过后很快继之以无政府状态。

如此一来，对一个民族来说，最理想的状态便是保留过去的制度，只用让人难以察觉的方式徐徐改造它。但这种理想很难实现。古代的罗马人和近代的英国人，几乎是仅有的实现这种理想的民族。

确切而言，群体，尤其是那些构成了社会等级的群体，正是传统思想最顽固的捍卫者，也是对这方面变化最为坚定的反对者。我已经强调了群体的保守思想，并指出即使是最残酷的反抗，也只能产生话语方面的转变。18世纪末，看到教堂被毁、神父被逐或殒命断头台，以及对天主教信仰的全面迫害，人们可能以为老旧的宗教思想已经威力尽失；然而没过几年，面对普遍的要求，废除的礼拜制度又不得不重新恢复。①

消失片刻后，老旧的传统威严如故。

再没有别的例子，比上面这个更能说明传统对群体心理所施加的威力了。最令人畏惧的偶像并不居于寺庙，专制至极的君主

---

① 泰纳援引的前国民会议议员佛克罗伊（Antoine François Fourcroy, 1755—1809，法国科学院院士，曾是著名化学家拉瓦锡的同事，长期秘密从事破坏科学院的活动，并参与谋害拉瓦锡。——译者注）的报告相当清楚地说明了这一点：

"我们到处可以见到人们礼拜日出入教堂，这就证明法国群众希望恢复过去的传统。要抵制这种全国性的倾向，不合时宜……大多数民众需要宗教、需要礼拜和神职人员。几个当代的哲学家错误地认为，教育足够普及，便足以消除大家在宗教上的成见。我也曾信服这样的观点。然而，对大批不幸的民众而言，这些东西就是慰藉的源泉……因此，应该让民众自己去处理他们的神父、祭台和礼拜日。"

也不住在宫廷；这些神佛或君主可以被瞬间打倒；但是左右我们内心的无形之主，却能避开任何形式的反叛，只能被沧海桑田慢慢消磨。

三、时　间

在社会问题上，如同在生物学问题上一样，最有力的因素之一，就是时间。时间是唯一的真正造物主，也是唯一的伟大毁灭者。正是时间，用一颗颗沙粒垒起了座座高山，让地质时代模糊的细胞成长为高贵的人类。沧海桑田足以让万事万物发生改变。人们不无道理地说，倘若一只蚂蚁活得足够长，它就能夷平勃朗峰。一个拥有神奇力量，能随意更改时间的人，将会获得信徒们赋予上帝的力量。

然而在此处我们只关注时间对群体主张形成的影响。从这一点看来，时间的作用也是巨大的。一切重要力量的形成都依附于它，例如族群。它让一切信仰得以诞生、壮大并消亡。这些信仰在时间中获得了它们的力量，又在时间中丧失了力量。

正是时间酝酿了群体的主张和信仰，它是两者萌芽的土壤。这就是为什么有些思想在某一个时代行得通，但在另一个时代却不行。正是时间累积了信仰和主张的那些无穷无尽的碎片，让某个时代的思想生于其上。这些思想的出现，不是偶然碰巧，每一种思想的根茎都深深扎根于漫长的过去。当这些思想开花吐蕊时，是时间准备了它们的绽放；人们总是通过转身回溯的方式，来感知这一切起源。它们既是过往的女儿，也是未来的母亲，并永远是时间的奴隶。

因此,时间是我们真正的主宰,只消任它发挥,我们就能看到每一件事物发生的变化。今天,我们对群体充满威胁的抱负和它所预示的毁灭和动乱深感忧虑。只有时间自身能肩负起恢复平衡的重任。拉维斯①先生所言甚是:"没有任何政权可以在一夜之间建立。社会和政治制度是几百年时间才能完成的作品;封建制度在有规可循之前,经历了几个世纪的混乱和塑造;绝对君主专制在找到常规的统治之前,早已存在了几个世纪,而在这些等待的时期里,有着极为严重的动乱。"

四、政治与社会制度

有一种思想认为:制度可以补救社会的不足,民族的进步是制度和政府改进的结果,社会变革可以通过种种政令而实现。我认为这种思想仍在广为流传。法国大革命的出发点就是这种思想,当今的社会理论也把它当作依据。

我们最为源源不断的经验,尚未能真正动摇这种可怕的幻想。哲学家和历史学家们试图证明它的荒谬性,但一切都是白费力气。不过,他们已经毫不费力地揭示出,制度是思想、情感和习俗的后裔,而我们不能通过改写法典来完成对思想、情感和风俗的改造。一个民族不能随心所欲地选择自己的制度,就像它不能选择眼睛和头发的颜色一样。制度和政府是族群的产物。它们

---

① 拉维斯(Ernest Lavisse, 1842—1922),法国历史学家,曾被多次提名诺贝尔文学奖。——译者注

远非时代的缔造者，而是由时代所创。民族不会被自己一时的任意妄为牵着鼻子走，但是它们的性格所需却能控制它们。一种政治制度需要几个世纪才能形成，也需要几百年的时间才能改变。制度没有任何固有的道德性；它本身也没有优劣之分。在某个特定时段对某个特定民族有利的制度，对另一个民族而言可能是极其糟糕的。

如此一来，民族之力并不能真正转变这个民族的制度。当然，一个民族可以以暴力革命的代价将制度改头换面，但这还是无法改变制度的根本。名号只是无用的标签，触及了事物根本的历史学家们，对此毫不在意。正因如此，英国奉行君主制度，却是世界上最民主的国家[①]；可是那些讲西班牙语的美洲国家，尽管以共和宪法治国，最严重的专制主义仍大行其道。决定这些国家命运的，不是它们的政府，而是它们的民族性格。我在前一本著作中，通过一些确凿无疑的案例，证明了这一点。

因此，花费时间去一页页地编纂宪法是十分天真的，也是无知雄辩家的徒劳。当我们足够明智，充分发挥必要性和时间的作用时，这两种因素自会负责完善宪法。盎格鲁-撒克逊民族就是

---

① 甚至在美国，最进步的共和党人也这样认为。最近，根据1894年12月的《评论之评论》(Review of reviews，创办于1890—1893年间的一份月报，分别在伦敦、纽约和墨尔本发行。——译者注)说，美国杂志《论坛》(the Forum，美国杂志，1885年创办，1950年正式停办，期间数易刊名和内容。早期以专题研讨形式，邀请名人讨论当代的政治问题。——译者注)最近明确表达了该观点，我摘录如下：

"我们必须永远牢记，即使在贵族制度最狂热的敌人心目中，英国仍是当今世界最为民主的国家。它是最尊重个人权利、个人拥有最大自由的国家。"

这么做的，这也是他们伟大的历史学家麦考莱①，在某段所有拉美国家的政客们都必须铭记于心的文字里告诉我们的。麦考利先列出了所有我们能从法律中获得的好处。从纯理性的角度看，这些法律既荒诞又矛盾，混乱不堪。接着他把欧美拉丁民族在动乱中作废的一大堆宪法，和英国宪法进行比较。他让我们看到，在直接必要性而非思辨推理的影响下，英国宪法的变化极其缓慢而有限。"（英国宪法）从未关心是否对称，却相当在意是否有效；从来没有因为反常本身，而去消除反常；若未感到弊端的存在，就永不革新，而革新的程度，也仅仅是药到病除为止；对症下药，制定的条款从未超出诊断范围。这些就是从约翰国王时代②到维多利亚女王时代，我们那250届议会通常奉行的指导规范。"

若要说明制度和法规在多大程度上体现了民族所在族群的需求，以及它因而无法被粗暴变更，我们必须逐条检视每一个民族的法律和制度。例如，我们可以从哲学角度论述中央集权的利弊，然而当我们看到一个族群成分非常复杂的国家，费千年之力去逐步实现这种中央集权时；当我们目睹某场以摧毁所有旧制度为目标的大革命，不仅要被迫去尊重这种中央集权，还要强化它时，我们就该承认中央集权是必然需求的产物，甚至是一个生存条件。对那些扬言要废除中央集权的政客们，我们对他们可怜的智力感到惋惜。即使他们侥幸成功，功成之时也预示着马上会有

---

① 麦考莱（Thomas Macaulay，1800—1859），英国政治家、历史学家，著有《英国史》。——译者注
② 英格兰国王约翰（John, King of England，1166—1216），外号无地王，在位期间签订了《大宪章》。——译者注

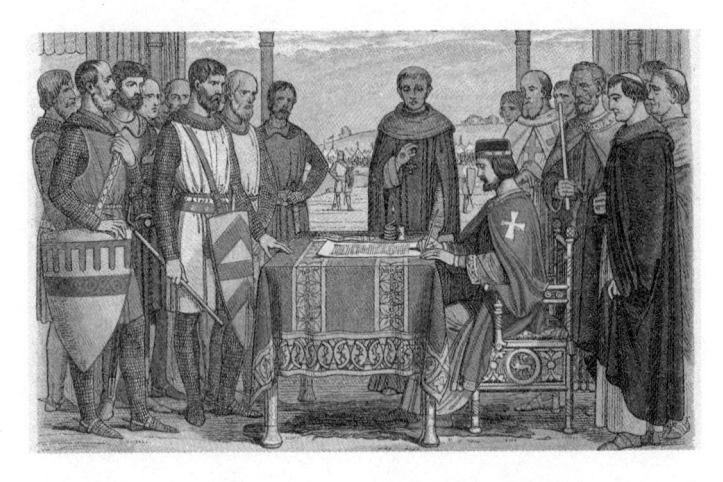

（英国宪法）从未关心是否对称，却相当在意是否有效；从来没有因为反常本身，而去消除反常；若未感到弊端的存在，就永不革新，而革新的程度，也仅仅到药到病除为止；对症下药，制定的条款从未超出诊断范围。（图为《大宪章》签订的情景）

一场可怕的内战①，而这场内战很快会带来一种比旧政权更沉重的新中央集权制度。

以上所述的结论就是：我们不应该在政治制度中去寻找那些能深刻影响群体禀性的方法。我们看到有些国家，如美国，通过民主制度实现了高度繁荣，然而我们也能见到另一些国家，如拉美地区讲西班牙语的共和国家，尽管实行的制度完全相似，却生活在最可悲的动乱之中。我们完全可以说，这些制度与一个国家的伟大或一个国家的衰败没有关联。民族的性格支配整个民族，所有的制度，如果不是完全根据民族性格量身定做，都只会是一件借来的衣裳，一种临时的装扮。诚然，我们赋予了这些制度制造幸福的超自然力量，一如先圣骸骨；而为了强行树立这些制度，我们已经制造并还会制造更多血腥战争和暴力革命。从某种层面上，我们可以说因为制度能酝酿这类暴动，所以它也能影响群体心理。然而，实际上在起作用的并不是制度，因为我们知道，制度成也好，衰败也罢，它本身没有任何道德性可言。能对群体心理施加影响的，是幻觉与言语，尤其是言语——那些带有空想性的有力言语。我们很快就会为大家展示它们的惊人影响。

---

① 如果我们仔细观察那些把法国分裂成不同党派的深层政治和宗教分歧，特别是在法国大革命期间被暴露出来，并在法德战争末期再度成型的族群问题和分裂主义倾向，我们便会发现，在我们土地上生存下来的不同族群还远未实现共融。毫无疑问，强有力的中央集权制度，以及整合旧有省份设立人为划分的行政区域，是大革命最有用的成就。今日被鼠目寸光之辈说烂了的地方分权，倘若一旦成立，很快会以最血腥的混乱告终。若想无视这一事实，除非我们遗忘自己的历史。

五、教育与教化

我们已在别的地方，注意到那些主宰时代的思想力量。它们为数不多，有时也只是一些纯粹的幻想。今天，在它们当中有一种这样的观点，即教育能显著地改变人，它理所应当地能够提升人，甚至实现人与人之间的平等。通过不断重复，这种论断最终变成了民主制最无法动摇的信条之一。如今很难谈论这个领域，就像过去我们不能轻易评论教会一样。

然而在这一点上，就像在许多其他方面一样，民主观念总是与心理学和日常经验的数据大相径庭。几位杰出的哲学家，包括赫伯特·斯宾塞在内，已经轻易指出：教育既不会让人变得更有道德，也不会让人变得更幸福；教育不会改变人的本能和他所继承的冲动；如果被引入歧途，它有时带来的危害还远远大于益处。统计学家已经证实了上述观点，他们告诉我们：随着教育的普及，或者至少随着某种教育的普及，犯罪行为多了起来；无政府主义者作为一个社会最恶劣的敌人，常常在那些学校翘楚中间招兵买马。一位卓越的法官，阿道夫·吉约先生在最近的一项研究中指出：犯人中读过书的和文盲的比例为3000：1000，在50年的时间里，犯罪行为由每40万居民中的227人，上升到552人，即增长了143%。他和他的同事们还强调，犯罪行为在青少年中上升得尤其快。而我们都知道，也正是在这些青少年中，免费的义务教育替代了学徒关系。

当然，也从未有人赞成过，即便是正确引导的教育，也不会带来有用的实际结果。就算它不能提高道德水平,至少也能让人发展出谋生的能力。不幸的是,拉丁民族,尤其是近25年以来,把他们的教育体系建构在一些大错特错的原则之上。尽管有出类拔萃的智者献言献策,他们还是在自己可悲的错误上一意孤行。我自己也在好几本著作中指出①,我们当前的教育把大部分受过这种教育的人转变为社会的敌人,并让社会主义阵营吸纳了不计其数的信徒。

这种教育恰恰非常符合拉丁民族的禀性,其首要的危害在于,它立足于这样一种错误的心理学观念,即认为用心学习教材就能开发智力。被这种观念洗脑后,人们便一门心思死记硬背,只求多多益善;从小学到博士,抑或教师资质考试,年轻人只学会了背诵书本,从未发挥过自己的判断力和积极性。学校教育对他而言只是背诵和遵从。"听课,背诵语法或摘要,充分重复,好好模仿,"公共教育部前任部长朱尔·西蒙②先生写道,"这就是一种可笑的教育,它把自己的全副精力都放在了履行教师不会犯错的信念上,它最终只会让我们变得弱小和无能。"

如果这种教育仅仅无用而已,我们还可以只是同情一番那些可怜的孩子。明明可以在小学学习那么多必要的东西,人们偏偏

---

① 请参阅《社会主义心理学》(*Psychologies du socialisme*),第3版;《教育心理学》(*Psychologie de l'education*),第5版。

② 朱尔·西蒙(Jules Simon,1814—1896),法国政治家、哲学家,曾在1876—1877年任法国总理。——译者注

更喜欢教克洛泰尔①儿子们的谱系、纽斯特里亚和奥斯特拉西亚②之间的冲突,或者动物学上的分类。但这种教育有一种更为严重的危害。它让接受教育的人极度反感自己的出生环境,并迫切地想要摆脱它。工人不想再继续当工人,农民不想再继续当农民,而有产者中的末流,只想自己的儿子担任政府公职。学校本应为人们的生活做好准备,现在却只为占据一些公共职能领域做准备。在这些领域里,人们就算不知道如何自我定位,丝毫没有显露出任何的独创性,也能获得成功。这种教育在社会的金字塔底层造就了一支无产者的大军,他们不满自身命运,随时准备揭竿而起;在金字塔的顶层则是我们那轻佻的有产阶级,他们轻信又多疑,对国家有着迷信般的确信,视其为天赐,却又不断用言论抨击彰显敌意,他们总把自己的错误推卸给政府,可如果没有当局的介入,他们又一事无成。

国家用教材培养了大量的文凭持有者,却只能用上一小部分,剩余的人必然无所事事。结果,它不得不将就着养活前者,而把后者当成敌人。从社会金字塔的底层到顶层,从卑微的书记员到教授和省长,大量有文凭的群众,现今已团团围住了工作机会。有数以千计的求职者在申请政府最低微的职位,与此同时,

---

① Clotaire,又译为克洛塔尔、克罗泰尔,在古日耳曼语中意为"光荣的勇士"。法国历史上有多位国王以此为名,如克洛泰尔一世(Chlothar I, 497—561)、克洛泰尔二世(Chlothar II, 584—629)、克洛泰尔三世(Chlothar III, 652—673)、克洛泰尔四世(Chlothar IV, ?—719)等。其中最著名的为克洛泰尔一世,他是法兰克王国墨洛温王朝缔造者克洛维一世(Clovis I, 466—511)的第四子,公元558年通过兼并其兄长们的领地,再次短暂统一了法兰克王国。——译者注

② 纽斯特里亚(Neustrie)和奥斯特拉西亚(Austrasie),墨洛温王朝时代由法兰克人建立的两个王国。——译者注

批发商却很难找到一名能在殖民地代表他行事的经理。仅塞纳省①就有2万名待业教师,这些人瞧不上农田和车间,想从国家那里谋生活。能被国家聘用的人数量有限,心怀不满者自然为数众多。这些人随时准备从事任何形式的革命活动,不管革命的领导者是谁,也不管革命的目标是什么。获取知识如果不能让我们找到工作,那么它注定是一种把人逼上梁山的方式。②

毫无疑问,迷途知返为时已晚。只有经验,这位民族的最终导师,才肩负得起向我们指出错误的重任。也只有经验,能强大到足以证明,有必要用一种职业教育,来替换可憎的教科书与毫无价值的考试。这种职业教育将把年轻人送回他们今日千方百计想要逃脱的农田、车间和殖民地企业。

现在,每一名有识之士都呼吁这样的职业教育,这也正是过去我们的父辈们曾接受的教育,同时也是今日以意志、独创性和实干精神统领世界的民族心知肚明要保留的教育。在一系列下文我还将援引其精华段落的出色篇章中,大思想家泰纳先生明确提

---

① 塞纳省(Seine),法国历史上的一个省份,前身为1790年设立的巴黎省,1795年改名为塞纳省,1968年拆分为巴黎省、上塞纳省(Hauts-de-Seine)、塞纳-圣但尼省(Seine-Saint-Denis)及瓦勒德马恩省(Val-de-Marne)。——译者注

② 不过,这并非拉丁民族所独有的现象,我们在中国也看到此种情形。中国一如我们国家,由等级固化的文官阶层领导,这些文官经由考试选拔,而考试唯一的科目就是一字不差地背诵厚重的典籍。无业文人的大军,在当今中国被视为真正的民族劫难。印度的情况也是如此,自英国人在那里开设学堂——这些学堂并不像在英国那样以教化民众为宏愿,而仅仅是为了训导当地的土著,一个特殊的文人阶级得以形成,即"印度绅士"(Babous),他们因为无法获得工作,变成了英国统治的顽固敌人。在每一个印度绅士身上,无论他是在职还是失业,教育的首要效果都是把他们的道德感无限拉低。我在我的著作《印度文明》(*Les Civilisalions de l'Inde*)一书中,用很长篇幅强调了这一事实。所有曾去过那个广阔半岛的作家们也都注意到了这一点。

出，我们过去的教育有点像今日英国和美国的教育。通过对拉丁民族与盎格鲁-撒克逊民族的精到比对，他又让人们清楚地看到了这两种路向的后果。

如果说，浅尝辄止地学了那么多的知识点、滚瓜烂熟地背了那么多的教科书，真能提高我们的智力水平，或许我们还能勉强接受古典教育的种种弊端，尽管它只会制造一些失去社会地位的人，一些郁郁不得志的人。但是智力水平真有提高吗？唉，不可能！在生活中，成功的条件是判断力、经验、独创性以及性格，而非书本所能带来的那些东西。书籍是可供我们参考的字典，但是在头脑中装下这些冗长的词条则毫无益处。

职业教育是如何用一种古典教育完全缺乏的方式来提高智力水平的呢？泰纳先生充分讲解了这一点：

> 思想只会在自然且正常的环境中形成，让它们得以萌芽的，是那些不计其数的、可被感知的印象。年轻人每天得在车间、矿井、法庭、书房、工地、医院中，见识各种各样的工具、材料和操作；他得和顾客、工人打交道，无论干好了干砸了，赚钱了赔钱了，这样他才能接收到这些来自眼、耳、手，甚至是嗅觉的细微感知。它们在无意中被搜集并被暗中构思、组织，以便有朝一日能够给自己以关联、简化、节省、完善或是发明的新建议。而法国的年轻人，恰恰在最能出成果的年纪，被剥夺了所有这些宝贵的接触机会，以及所有诸如此类必不可缺的要素；在七八年的时间里，他们被囚禁在学校里，远离亲身体验，对人对事及其形形色色的处置方式，

都缺乏鲜明准确的概念。

……10个人中至少有9人丧失了自己的时间、汗水，以及生命中最重要、最高效甚至最具决定意义的那几年：我们先把一半或者2/3的人算上——我指的是那些参加考试但没有通过的。接着，在那些被录取并拿到学位、证书、文凭的人当中，还得加上一半或者2/3——我指的是那些操劳过度的。某一天，他们被要求坐在一张椅子上，或在一块黑板前，在2个小时内就一系列学科展示人类一切知识。这要求实在太过分。在那天那2小时中，他们确实记得住，或记个大概。然而一个月过后，他们什么都不记得了。再让他们考一次，他们过不了。他们学得太多太杂，忘个不停，却没新的补充。他们的精力衰弱了，勃勃生气也枯竭了。一个人长大成人，但通常也就这么完了。他成家立业，俗务缠身，在小圈子里兜兜转转。他把自己困在小小的办公室里，兢兢业业，恪尽职守，除此之外一无所有。以上这些，就是平均收益。显而易见，收支并不平衡。而在1789年之前，法国就像英国和美国，人们反其道而行之，得到的回报与付出相当，甚或高于付出。

随后，这位著名的历史学家又向我们揭示了我们的教育体系与盎格鲁-撒克逊民族之间的区别。后者没有为数众多的特别学校，在他们那儿，教学不停留在书面上，而通过实物本身来教学。例如，工程师是在车间里培养的，而不是学校；这样一来，每一个人都能达到他的智力所允许的水平。如果他走不了更远，就当工人或工头,如果他的天资足够,就成为工程师。比起把一个人的全部职业生涯,完全托付给18岁或20岁那年接受的几个钟头的考试,上述的方式更民主,对社会也更有利。

　　学生在很小的时候就入学,他们在医院、矿场、工厂、建筑师或律师事务所里当学徒。他们的实习经历,有点类似我们这边办公楼里的书记员,或者画廊里画家的学徒。入行之前,他需要上些概述性的通识课程,以便搭个框架,来安放他即将做出的观测。不过,更常见的是一些技术性的课程,他可以利用课余的时间来探索,以便逐步与他日常积攒的经验相协调。在这样的体系下,学生提高、发展他们的实践能力,直至自身资质的上限。他们的能力也符合他们的职业规划,以及他们从现在起想要适应的具体工作。通过这种方法,英国和美国的年轻人很快就能充分发挥自己所长。从25岁起——如果条件够好,时间还会提前,他就不仅是一名有效的执行者,还是一名自发的谋划者;不仅是一个齿轮,还是一台发动机。但在与之背道而驰的法国,一代又一代人越来越向中国看齐,由此浪费了巨大的人力资源。

关于我们拉丁民族的教育与实践生活之间日益扩大的差距,这位伟大的哲学家得出了以下结论:

　　在孩童、少年和青年这三个教育阶段里,学生们仅仅为了通过考试,以及获得学位、文凭和证书,坐在学校的板凳上死记硬背。这样的预备工作太过旷日持久,让人不堪重负。我们用最糟糕的方式,采用了非自然和反社会的教育体系;我们过度推迟了实践活动,我们推行寄宿制,进行纸上谈兵的训练和机械填充的教学;我们给学生布置了太多的功课,不去考虑时间的流逝、他们成人的年龄及相应的职责,不去考虑他们马上就要投身其内的真实世界,不去考虑我们活动其中,而他们需要提前适应并向之妥协的周遭社会关系,不去考虑他们在面对人类为了自卫和立足所进行的斗争时,需准备充分、全副武装、久经考验且意志坚定。这样的装备必不可少,这样的学习比其他更重要,这样的常识、意志和勇气,牢不可破。可这些并没有被我们的学校传授;恰恰相反,我们的学校非但远未让学生们具备这些应对未来所应有的素质,反倒予以剥夺。因此,当学生们进入这个世界,迈出实践领域的第一步,往往遭遇一系列沉痛的失败;他四处碰壁,鼻青脸肿,很长一段时间步履维艰,有时甚至一生困顿不前。这是一种严峻而危险的体验,道德和精神的平衡性被破坏,在短时期内很难复原,幻灭随之而来,太过突然,太过彻底;失望挫败之感,深沉而强烈。①

---

① 见泰纳:《现代政体》(*Le Régime moderne*),第 2 卷,1891 年。这些段落几乎是泰纳最后写下的文字。它们以一种令人钦佩的方式总结了这位伟大哲学家长久的经验。然而不幸的是,我觉得对我们那些从未在国外生活过的大学教授们而言,他们完全无法理解这些话。教育是我们拥有的唯一能够对民族心理产生一些微小作用的方法。可在法国,几乎没有一个人能够明白,我们当前的教育制度正是造成快速衰败的可怕因素——它非但没有让年轻人得到提升,反而使他们倒退堕落。一想到这些,就让人深感悲痛。

以上所述，是否偏离了群体心理学的主题？当然不是。如果我们想了解那些今天萌芽明日绽放的思想和信仰，就必须了解为它们做好准备的土壤。一个国家的青年所接受的教育，可以让我们预见这个国家的未来。我们现在的青年人受的教育验证了那些最隐晦的预言。群体的心智水平是会被提高，还是会被拉低，这在某种程度上与教化和教育有关。我们因此有必要搞清楚现在的体系如何塑造了群体的心智，我们也有必要了解那些冷漠或者中立的群众如何一步一步变成一支浩浩荡荡心怀不满的军队，并准备服从一切乌托邦分子和雄辩家们的暗示。正是在学校里，培育了这些不满的人和无政府主义者，酝酿了拉丁民族接下来的衰落。

第二章　影响群体意见的近因

一、形象、词汇和用语。词汇和用语的神奇力量／这种力量与它们唤起的形象有关，与它们所包含的真正意义无关／这些形象随着族群和年代的转变而有所不同／词汇的折损，某些特别常用的词汇的含义发生过相当大转变的实例／在当前用来命名的词汇让群体产生了不好的印象时，对旧的事物重新命名的政治效用／词汇的含义因族群的不同而不同／"民主"一词在欧洲和美国有着不同的意义。二、幻想。幻想的重要性／所有文明的根基里都能见到幻想／幻想在社会层面的必要性／比起真相，群体更喜欢幻想。三、试验。只有试验能够在群体心灵深处确立那些已成为必要的真理，并且摧毁那些变得危险的幻想／试验只有在被频繁重复的情况下，才能发挥这些作用／为了说服群众必须付出试验的代价。四、理性。理性影响不了群体／群体只受无意识情感的影响／逻辑在历史上的作用／难以置信的事件背后的隐秘原因我们刚才研究了影响群体心理的间接预备因素。这些因素赋予群体心理特殊的易感性，使得某些情感和思想有可能在群体中萌发。现在，我们需要研究那些能以直接的方式对群体产生影响的因素。在下一章，我们还将探讨如何操纵这些因素，让它们充分发挥作用。

在本书的第一部分，我们研究了群体的情感、思想以及推理方式。毫无疑问，有了这个认知，我们可以大致推断出哪些方式能在群体心灵深处留下深刻的印象。我们已经知道哪些事物能刺激群体的想象力，还了解了暗示——尤其是那些用形象呈现出来的暗示——的传染性和力量。然而，暗示的来源可能十分复杂，因此能影响群体心理的因素也相当不同，因而很有必要分别考察这些因素。这并不是一项无用的研究工作。群体，有些像古代寓言里的斯芬克斯；我们必须解答群体心理学向我们提出的疑问，否则只能听任自己被吞食。

一、形象、词汇和用语

我们在研究群体的想象时会发现，形象对它的影响特别大。人们并不是总能支配这些形象，但是通过合理的方式，利用词汇和用语去唤醒这些形象也是可行的。在巧妙的操纵下，词汇和用语确实拥有一种炼金术般的魔力。它们能在群体内心深处掀起最猛烈的狂风暴雨，也知道怎样平息。葬身于词汇和用语威力之下的受害者不计其数，他们的骸骨可以垒起一座比古老的胡夫金字塔还要高得多的金字塔。

词汇的力量与它们能唤醒的形象相关，与它们真正的含义完全无关。有时，正是那些含义被完全曲解的词汇最有影响力。诸如"民主""社会主义""平等""自由"等词，它们含义模糊，就算长篇累牍也无法把它们的意思确定下来。然而，这些简短的音节本身也确实含有一种神奇的力量，好像它们能够解决一切难题一般。这些词汇集合了种类最为繁多的无意识的追求，以及实现这些追求的希望。

说理和论证都不能击败某些词汇和用语。在群体面前，这些词汇和用语被毕恭毕敬地提及；而群体一旦听到它们，往往俯首弯腰，满脸恭顺。许多人把词汇和用语看成自然的力量，甚至是超越自然的力量。它们在群体内心深处唤醒一些模糊而壮丽的形象，也正因为它们的形象模糊，反倒扩大了它们那种神秘的力量。它们好似那些躲在神龛后面的神灵，令人生畏，信徒们只能战战兢兢地靠近它们。

被词汇唤醒的形象与其本身的含义无关。同样的词汇，会随着时代及民族的不同而拥有不同的含义。用语却是同一的。某些词语暂时性地和某些形象联系在一起；词汇只是唤起这些形象的按钮。

并非所有的词汇和用语都拥有唤醒形象的力量；它们中有一些在唤醒形象之后，会失去威力，再也不能唤醒头脑中的任何东西。它们变成了无用的音调，其主要功效就是免除使用者思考的负担。年少时习得的那点用语和常识储备，让我们具备了过完此生所需要的一切，再也不觉得有必要绞尽脑汁思考任何事物。

如果研究某一种特定的语言，我们就会发现：组成语言的词汇在时间洪流里转变得相当缓慢；但是被这些词语唤醒的形象，或是它们被赋予的含义，却总在不断地变换；这也是为什么我会在另一本书里得出结论：要彻底翻译某种语言，尤其是某种已经死去的语言，是一件完全没有可能的事情。在实际中，当我们用一个法语术语来替代一个拉丁语术语、希腊语术语或者梵语术语时，甚或当我们努力去理解一本两三百年前用我们自己的语言写就的书时，我们是怎么做的呢？我们只是简单地用近代生活放入我们脑海中的形象和观念，来替代那些生活在古代的族群内心深处所产生的截然不同的形象和观念，而这些族群必须适应的生存环境，与我们当代没有任何可比性。法国大革命时期的人们自以为复制了古希腊和古罗马，但是他们除了给某些古老的词汇带来了它们前所未有的含义之外，还做了其他什么吗！古希腊制度与我们今天用相关词汇命名的制度之间有哪些相似之处？那时的共和国，本质上还是一种贵族制度，它由一个小独裁者联盟组成，这些小独裁者统治着一群绝对服从的奴隶。这些公社的贵族政治，根植于奴隶制度，如果没有后者，前者也根本不会存在。

还有"自由"一词，我们现在所理解的"自由"，与那个从未想过自由思考的可能性的时代，即那个讨论城邦诸神、法典和风俗就是最不寻常的大逆不道的时代，又有什么相似之处呢？如"祖国"这个词，在雅典人和斯巴达人的内心深处，如果不是指对各自的城邦崇拜，难道还是指由各个敌对城邦组成、彼此之间征战不断的希腊吗？同样是"祖国"一词，它对那些因族群、语言和宗教差异而分裂成敌对部落的古代高卢人，又意味着什么呢？恺撒之所以能轻而易举地征服高卢，就是因为他总能在这些部落中找到盟友。只有古罗马，通过让高卢在政治上和宗教上结成一体，使它成为真正的国家。我们甚至不需要追溯到这么远，只要退回到200年前，那时与外邦结盟来对抗自己君主的法国各位亲王们，如大孔代①，他们所理解的"祖国"会与我们一样吗？词是同一个词，可对于流亡贵族而言，他们所理解的"祖国"与现代的"祖国"有着不同的含义。这些人认为反抗法国是高风亮节，因为在他们看来，封建制度的法规是与君主而非土地联系在一起的，君主所在之处才是真正的国家。

像这种含义随着不同时代而产生深刻变化的词汇不计其数，我们只有在经过一番漫长的努力后才能像前人那样理解这些词汇。有人说，必须大量阅读，才能明白"国王"和"王室"这样的词对我们的曾祖父辈而言意味着什么。这样说是有道理的。那么，要理解那些更为复杂的术语所需要的努力就可想而知了。

因此，词汇只有一些变动而临时的含义，它们随着不同的时代，随着不同的族群而发生转变；当我们想用这些词汇去影响群体时，我们必须要知道，对群体起作用的，是词汇在某个既定时刻的含义，而不是它在很久以前的含义，也不是思维方式不同的人所理解的含义。

同样，当群体因政治动乱或信仰变化而对某些词汇所唤醒的形象深感厌恶时，一位真正政治家的第一要务，就是要变革一下这些词汇。他心知肚明，自己不用触及事物本身，因为后者与

---

① 即孔代亲王路易二世·德·波旁（Louis Ⅱ de Bourbon, 1621—1686），法国政治家、军事家，因军事上的杰出表现而获誉"大孔代"（le Grand Condé）。他曾与西班牙结盟，反对王室，挑起法国内战。——译者注

传统结构联系太过紧密而难以变革。明智如托克维尔，早就注意到：很长时间以来，执政府与帝国的工作主要就是用新词汇包装大多数的旧制度，也就是说用另一些词汇来替代那些已经让群体将其联系到不利形象的词汇。地租更名为土地税，盐赋更名为盐税，徭役更名为间接税，向行会和商号征收的税款更名为营业执照税，诸如此类。

由此可见，一位政治家最基本的工作之一，就是用这些受欢迎或至少是中性的词汇，替换那些群体所无法忍受的事物的旧名。词汇的力量是如此之大，以至于只需为那些最让人讨厌的事物精心挑选称呼，就能让群体接受这些事物。泰纳先生准确地指出，借助于"自由""博爱"这两个当时流行的词汇，雅各宾党人才能"建立一个堪比达荷美①的专制政府，设立一个类似于宗教裁判所的法庭，制造出一些如同古老墨西哥的人类大屠杀"。统治者的技艺与律师的类似，主要在于巧舌如簧。这门技艺最大的难处之一，就在于在同一个社会中，同样的词汇对不同的阶层含义迥异。不同社会阶层表面上使用同样的词，却从未说同一种语言。

我们在之前的例子里尤其引入了时间的因素，把它看作词汇含义发生转变的主要原因。但是如果我们同样引入族群，我们将会看到，即使是在同一时代，对于文明发展程度一致但族群不同的民族而言，同样的词汇通常也对应着极为不同的观念。如果没有广博的游历，根本无法体会这些差异。这也是我不打算在这方面深究的原因。我只想指出，确切而言，正是那些群体最常用的

---

① 达荷美（Dahomey），贝宁的旧称，西非埃维族的一支阿贾人于17世纪初建立了王国，1894年沦为法国殖民地。——译者注

词汇，在不同的民族中有着最不同的含义。例如"民主"和"社会主义"这两个在现今如此频繁使用的词汇，就属于这种情况。

实际上，这两个词汇在拉丁民族和盎格鲁-撒克逊民族的内心深处对应着截然相反的思想和形象。对拉丁民族而言，"民主"这个词更多地意味着个人意志和自主权要服从国家所代表的共同体的意志和自主权。在越来越多的情况下，是国家统领、集中、垄断以及制造一切。所有的党派，无论是激进的、社会主义的，还是拥护君主的，无一例外，都在不断地向国家寻求帮助。同样是"民主"，对盎格鲁-撒克逊民族而言，尤其是在美国，含义却完全相反，它表示个体和意愿的强烈延伸，及国家尽可能地全面隐退，除警察、军队和外交外，国家不再领导包括教育在内的一切事项。同一个词，对一个民族意味着个体自主性和意志的丧失及国家的绝对主导；对另一个民族却意味着这种意志和自主性的过度发展及国家的全面隐退[①]，也就是说这个词的含义截然不同。

二、幻　想

自从文明诞生以来，群体就总是受到幻想的影响。正是为了这些幻想的创造者们，群体才造起了为数最多的庙宇、雕像和神龛。不管是过去的宗教幻想，还是现在的社会和哲学幻想，我们都能在这个星球上源源不断、繁荣昌盛的文明灵魂里，找

[①] 在《各民族进化的心理学规律》一书中，我大篇幅地探讨了拉丁民族与盎格鲁-撒克逊民族在民主理念上的区别。

到幻想的存在。正是以它们的名义，人们才兴建了迦勒底和古埃及的神庙，以及中世纪的宗教建筑；也正是以它们的名义，1个世纪前整个欧洲陷入了动荡。我们的艺术、政治或社会观念，无一不带有这种力量留下的深刻痕迹。有时人们会以令人心惊的动乱为代价，消除这些幻想，但是似乎它们又注定总会卷土重来。没有幻想，人们就不能走出原始的野蛮状态；没有幻想，人们迟早还会重新回到原始的野蛮状态。它们无疑是虚妄的幻影，然而我们所幻想的这些产物，却能促使各个民族创造出精美艺术与伟大文明。

一位作者在总结我们的教义时写道："如果博物馆和图书馆被破坏，如果教堂广场上的石碑被推倒，如果一切受宗教启发的历史古迹和艺术作品都被摧毁，人类伟大的梦想还剩下什么呢？让人类满怀希望和幻想吧，要不然人类就活不下去。这也是诸神、英雄和诗歌存在的理由。近50年以来，科学似乎承担了这项使命。但在渴望精神满足的心灵里，科学欠缺说服力，因为它既不敢慷慨许诺，也不太会欺骗。"

18世纪的哲学家们热诚地投身于摧毁一切宗教幻想、政治幻想以及社会幻想。这些幻想在长达数百年的时间里，是我们先辈们安身立命之所在。摧毁它们，就是在汲干希望和顺从的源泉。在这些被扼杀的幻想身后，哲学家们目睹了来自大自然的力量。这种力量无声又盲目，它对软弱毫不留情，且不知怜悯为何物。

尽管取得了这些成就，哲学仍不能给群体提供任何能够令他们着迷的理想；然而，群体哪怕牺牲一切也必须要有一个理想，于是他们如同逐光的昆虫，本能地走向了那些能给他们提供幻想的雄辩家。民族发展的最大动力从来都不是真理，而是谬误。社会主义在今天之所以有如此大的影响力，是因为它是现今所存的唯一幻想。尽管有这么多的科学论证，这种幻想还在持续壮大。它最主要的力量来自那些相当无视事物真实性的捍卫者，他们大胆地向人类许诺幸福。今天，社会主义在昨日的废墟上畅行无阻，连未来也是属于它的。群体从来就不曾渴望过真理。在那些明显让他们不快的事实面前，他们掉头就走；如果谬误引诱了他们，他们宁愿把谬误奉为神明。知道如何让群体抱有幻想的人，会轻而易举地成为他们的主宰；试图让群体幻想破灭的人，将永远是他们的牺牲品。

三、试 验

要想在群体内心深处牢固确立一种真理，或摧毁一种已经变得太过危险的幻想，试验几乎是唯一的有效途径。当然，试验必须能够被大规模地开展，并被高频率地重复。上一代人做过的试验对下一代人而言，通常是无用的；这也就是为什么被引用作为论证因素的历史事实起不了作用。它们唯一的用处就是证明，这些试验若要产生点影响，稍稍撼动在群体内心深处根深蒂固的谬误，必须经过年复一年的不断重复！

我们的世纪和它之前的1个世纪，毫无疑问将会被将来的历史学家当作充满奇特试验的时代而说起。没有任何一个时期有过如此之多的试验。

这些试验中规模最大的当属法国大革命。为了证明无法完全按照纯粹理性的指引来彻底重塑一个社会，数百万人成了冤魂，整个欧洲陷入20年的动乱。为了证明独裁者会让所有为他们欢呼的民族吞下苦果，人们在50年的时间里经历了两场毁灭性的试验。尽管试验结果已无比明晰，却并未说服所有人：第一场试验牺牲了300万人的生命，招来了一场外敌入侵；第二场试验割让了国土，并让设立常备军成为必要；第三场试验在不久前差点展开，也必将在将来的某天发生。为了向整个民族证明，数量众多的德国军队并不像1870年前为人所知的那样，是一支无害的国民卫队①，我们经历了一场可怕的战争，并为之付出惨痛的代价。而为了证明关税保护主义会让接受它的民族破产，则至少需要20年的灾难性试验。此类例子不胜枚举。

四、理　性

在列举能够对群体产生的影响因素时，我们完全可以避开理

---

① 在这个问题上，群众的观点是由不同的观点临时胡乱拼凑而成的。我在前面已经揭示过这种机制的运作原理。当时，法国的国民卫队是由一些温和的小店主所组成，他们纪律涣散，并非真正意义上的军队。所有拥有类似名号的军队，都会让人联想起相类似的样子，因而也让人觉得它也是一支无害的军队。因为这样的想法常常会演变成主流观念，群体的领导人竟然也会犯下同样的错误。埃米勒·奥利维耶先生（Émile Ollivier，1825—1913，法国政治家，演说家。1870年法国向普鲁士宣战时，他担任法国总理——译者注）在最近一本书中，援引梯也尔这位大多数时候总是追随民意、从未超前的政治家在1867年12月31日发表的内阁讲话，宣称普鲁士除了拥有一支在数量上与我们相差无几的常备军外，只有一支与我们相类似的国民卫队，因此不足为惧。这位政治家亦曾断言铁路的前景渺茫，结果也是同样"准确"。

性，除非有必要指出理性影响的负面价值。

我们已经指出，群体不会被推理所影响，他们只能明白那些胡乱拼凑的观点。所以，知道如何给群体造成深刻影响的演说家们，总是诉诸群体的情感而非理性。逻辑法则对群体起不到任何作用[①]。要想说服群体，首先必须察觉到群体被激发的情感，假装感同身受，然后通过初步联想的方法，诱发一些暗示性十足的形象，以此来努力改变这些情感；还要按自己的步调回应群体的需求，尤其要揣摩好群体在每一个瞬间所萌发的情感。就这种演说而言，事先准备周详并没有什么用，因为它需要演讲家根据临场反馈，不断变更措辞。如果演说家只是自说自话，而不考虑听众的想法，那他的影响将会荡然无存。

有逻辑思维的智者，习惯了被一连串大体严密的推理说服，于是，当他们向群体说话时，很难克制自己不去采用这种说服人的方式。这套论证的失效，往往令他们百思不得其解。有一位逻辑学家写道："惯常建立在三段论之上——即同一性的联系之上

---

① 就对群体施加影响的技巧而言，逻辑法则几乎派不上用场。我对此的最早观察，可追溯到巴黎被围困的时期。有一天，我看到一群愤怒的人押着V元帅前往当时政府的所在地卢浮宫，他们声称这位元帅把防御工事的布防方案卖给普鲁士人。政府职员G.P先生是位声名显赫的演说家，他走出来向这群要求处决元帅的人讲话。我本以为演说家会向大家说明：被指控的元帅其实就是防御工事的建设者之一，此外，人们可以在任何一家书店找到这些防御工事的方案，以此来揭露此项控诉的荒谬之处。让我——当时我还十分年轻——大为诧异的是，实际上的演讲完全不是这样……"正义必胜！"演说家一边靠近犯人，一边喊道，"正义铁面无私。让护国政府来完成你们的调查吧，让我们在等待中，把被告关押起来吧。"群体的诉求在表面上得到了满足，他们也就被安抚下来了，于是他们四下散开。一刻钟后，元帅也回到了家中。如果演说家坚持拿我那套年轻时觉得非常具有说服力的逻辑论证，来对付盛怒之下的群众，元帅肯定在劫难逃。

的有效数学结论,是不可更改的……这种必要性甚至能获得一堆无机物的认同,如果后者能遵守三段论的话。"这话当然没错。然而,群体并不会比无机物更遵守三段论,他们甚至理解不了。只要试图用推理来说服原始人的头脑,如野蛮人或者孩童,我们就会明白这种论证方式的效果有多差。

我们甚至不用降低到原始人的水平,就能看到当推理面对情感时,它有多么的无能为力。我们只要想想看,在漫长的数百年间,违背最简单的逻辑的宗教迷信是多么顽固就行了!在将近2000年的时间里,哪怕是最有见识的天才,也要屈从教律。只是到了现代,宗教的真实性才开始受到质疑。中世纪和文艺复兴时期不乏开明之士,可他们当中从未有任何人,能用推理洞察出这些迷信中的幼稚一面;也没有任何人,对魔鬼的恶行或者焚烧巫师的必要性稍有疑虑。

群体从来就不曾听从理性的引导,是不是要为此感到遗憾呢?我们真不敢这样说。毫无疑问,人类的理性并没能把人类拖入文明的轨道,这么做的反倒是幻想所激起的热情和勇敢。这些幻想是控制我们的无意识的产物,它们无疑是不可或缺的。每一个族群在其心理结构中,都携带着自身命运的规则,也许族群在一种不可抗拒的本能下,甚至在一些表面看来最不理智的冲动里,所遵从的正是这些规则。有时,各个民族似乎被某种神秘力量所控制,这种力量与促使橡子长成橡树、彗星绕轨道运行的力量一样。

我们若想对这些力量有点认识,就必须去研究一个民族发展的整个过程,而不是这一发展过程中不时发生的孤立事件。如果我们只考虑这些孤立的事件,历史就会像是在被一系列不可能的巧合所支配。一个来自加利利的无知木匠①,在2000年的时间里,成了一个全能的神,在他的名义下,最重要的文明得以建立,这完全是荒谬可笑的;一小股阿拉伯强盗离开沙漠后,占领了古希腊罗马的大部分地区,并建立了一个比亚历山大帝国还要大的帝国,这也是匪夷所思的;在古老而等级森严的欧洲,一个默默无闻的炮兵中尉成功地统领了众多的民族与国王,这更是难以置信的。

  因此,我们还是把理性留给哲学家,而别要求它过多干涉对人的管理。迄今为止,诸如名誉、牺牲、宗教信仰、对光荣和祖国的爱等,这些让每一个文明获得重大飞跃的情感,不是随着理性而生,甚至在绝大多数时候无视理性的存在,它们才得以产生。

---

  ① 指耶稣。传说耶稣出生于古巴勒斯坦加利利地区的拿撒勒。——译者注

第三章　群体领袖及其说服手段

一、群体领袖。一切群体生物都有服从头目的本能需求 / 领袖的心理 / 只有这些人才能制造群体的信仰并把群体组织起来 / 领袖的分类 / 意志的作用。二、领袖的行动方式。肯定、重复与感染 / 这些要素各自的作用 / 感染如何由社会的底层蔓延到高层 / 大众的意见很快会变为普遍的意见。三、威望。威望的定义和分类 / 后天威望和个人威望 / 不同实例 / 威望是如何丧失的

我们现在已经了解了群体的心理结构，我们也知道能对群体有影响的动力。我们接下来要做的是研究如何运用这些动力，以及找出能够有效使用这些动力的人。

一、群体领袖

当一定数量的有生命的个体汇聚一起,不管这些个体是一群动物,还是一群人,他们都会本能地让自己处于一个头目的领导之下。

在人类群体中,现实中的领袖通常只是一个煽动者,尽管如此,他也扮演了一个举足轻重的角色。他个人的意志是所有意见得以形成并取得一致的核心。他是构成异质群体的首要要素,并为他的组织形成派别做好准备。在此期间,他指引他们。群体就是恭顺的羊群,每时每刻都需要头目的存在。

在绝大多数时候,煽动者起初是一个被领导者。他自己也被一种思想催眠,变成了它的信徒。这种思想侵蚀了他,让他除了这种思想,对其他的一切事物都视而不见。所有与该思想相悖的主张,在他看来都是谬误或迷信。例如,罗伯斯庇尔被卢梭的哲学思想催眠后,竟采用了宗教裁判所的手段去宣传这些思想。

领袖基本上不会是思想家,而是实干家。他们很少会高瞻远瞩,也无法如此。因为富有远见,通常会让他心生疑虑并无所行动。领袖通常出自那些神经质的、狂热的、半疯半癫的人之中。无论他们所捍卫的思想或所追求的目标有多荒诞,在他们的信念面前,任何推理能力都会衰弱、退化。他们对鄙视和迫害无动于衷,或者这些只会让他们更加兴奋。所有个人和家庭的利益都被他们舍弃。在他们身上,就连自我保护的本能也荡然无存,甚至他们通常所追求的唯一回报,就是成为殉道者。他们强烈的信念，会给他们的言语带来一种极具暗示作用的力量。群众往往会对一个意志坚定并能把他的意志强加给别人的人俯首帖耳。人在集聚成群后，会失去所有的意志，并会本能地转向那个拥有意志力的人。

各民族从来就不缺领袖，但并非所有的领袖，都被要成为信徒的强烈信念所鼓舞。这些领袖往往巧言令色，只顾追求个人利益，并试图通过取悦低级的本能来说服民众。他们所利用的这类方式，所起的作用可能非常巨大，但往往也极其短暂。那些能够打动群众灵魂的伟大信徒，如隐士彼得[①]、路德、萨伏那洛拉[②]以及法国大革命中的人物，都只有在他们自己先入迷于某种信仰之后，才能行使这种魔力。他们才能随后在信徒的灵魂里，带来一股令人惊叹的力量，我们称之为信念，它能让人完全变为自己梦想的奴隶。

不管是宗教信仰、政治信仰还是社会信仰，也不管信仰的对象是某部作品、某个人物还是某种思想，信仰的建立，往往都是伟大领袖在发挥作用。这也是为什么这些人的影响力举足轻重。在人类所能支配的所有力量中，信仰的力量永远最大。福音书上说，信仰之力足以移山填海，此言不无道理。给人某种信仰，就是将他的力量扩大 10 倍。历史上的重大事件，无一不是由一些默默无闻的信徒完成的。这些信徒除了信仰之外，几乎一无所

[①] 隐士彼得（Pierre l'Ermite, 1050—1115），法国修士，曾率平民参见十字军东征，抵达耶路撒冷布道。——译者注

[②] 萨伏那洛拉（Savonarole, 1452—1498），意大利宗教改革家、殉教者。——译者注

那些能够打动群众灵魂的伟大信徒，都只有在他们自己先入迷于某种信仰之后，才能行使这种魔力。（图为路德）

有。那些统领世界的伟大宗教、横跨半球的广袤帝国，既不是由学者或哲学家所创造，更不是靠怀疑论者所建立。

然而，这些事例涉及的领袖是如此罕有，以至于不费吹灰之力就能算出历史上的总数。这些人形成了一个连续序列的顶峰，强大的人类操纵者高居其上，底下则是一些出工出力的人，在烟雾缭绕的小酒馆里，不断重复向自己的同志重复着几个术语，慢慢使他们入迷。虽然这些术语的含义，宣讲者自己也不曾理解，但他们相信，若能将其付诸实践，定能实现所有的梦想和所有的希望。

在整个社会阶层中，从最高层到最底层，一个人一旦不再孤立，他就会很快跌倒在某个领袖的权势之下。大多数人，尤其是群体中的人，除非在他们的专业领域内，他们对任何问题都没有清晰而合理的想法。他们不能够自我指导。因此，领袖就是他们的领路人。在必要的时候，定期出版物也可以代替领袖，为读者编造观点，编印一些让他们免于思考的现成空话，但效果却会大打折扣。

领袖的权威十分专制，甚至正是因为这种专制主义的存在，领袖的权威才会被人所接受。我们经常注意到，领袖即便没有任何权威基础，也能轻而易举地让最不安分的工人阶层对他们言听计从。他们定下工时和工资比例，决定了罢工开始和结束的时间。

今天，随着公共职能部门自甘受到责难，且影响日渐衰微，于是这些领袖越发倾向于取而代之。这些新主宰的专制暴政，使得群体服从他们，比服从任何一个政府还要驯服得多。一旦出了意外，领袖消失且无法立刻产生替代者，群体会重新形同散沙，不堪一击。在某次巴黎公共马车雇员的罢工期间，两位领导雇员的领袖遭逮捕，罢工立刻就被平息了。自始至终支配群体灵魂的，不是对自由的渴望，而是自甘为奴的渴求。群体对服从如此渴慕，以至于不管谁自称为他们的主宰，他们都会本能地归顺。

我们可以相当直接地对这些领袖进行划分。第一种领袖是一些精力旺盛的人，他们的意志力强烈但不够持久；另一种领袖比起前一种更为罕见，他们的意志力不仅强烈，而且持久。第一种领袖粗暴、勇猛、鲁莽。他们在引领群众明知山有虎，偏向虎山行之际，在训导前一天招募的新兵摇身一变，成为英雄人物之际，助上了一臂之力，尤显得大有益处。第一帝国时期的奈伊①和缪拉②就是很好的例子，我们当代的加里波第也属于这类人。他本是一名没有天赋但精力旺盛的冒险家，却和一小撮人成功地占领古老的那不勒斯王国，而该王国当时还被一支纪律严明的军队守卫着。

可这些领袖的力量尽管强大，却并不持久，一旦刺激他们的因素失效了，他们的力量就难以为继。正如我刚才举的例子，当这些受刺激的英雄重回日常生活，其懦弱之处往往令人诧异。尽管他们对如何领导别人了如指掌，却似乎在最简单的环境里不知所措，无法驾驭自己的行为。只有当他们自身也被领导、不断受刺激，并且总有思想或个人凌驾其上，并有清晰画定的行动路线

---

① 奈伊（Michel Ney，1769—1815），法国军事家，法兰西第一帝国元帅，被誉为"勇士中的勇士"。——译者注

② 缪拉（Joachim Murat，1767—1815），法国军事家，法兰西第一帝国元帅，那不勒斯国王（1808—1815年在位）。——译者注

可遵循时,这些领袖才能发挥自己的作用。

第二类领袖,他们有着持久的意志力,尽管可能并不那么耀眼,但他们的影响力却要大得多。在这些人中,我们能看到宗教以及伟业的真正奠基者,如圣保罗、穆罕默德、哥伦布和雷赛布[①]。他们聪明与否并不重要,世界终会落入他们之手。他们所拥有的持久意志力是一种能力,它极其罕有,并且威力无穷,能够无坚不摧。我们总是没有好好想想,一种强烈而持久的意志力能够成就什么:它无可匹敌,无论是自然,还是神明,或是人类,都无法与它抗衡。

关于一种强烈而持久的意志力能够做什么,最近,一位杰出人士为我们提供了一个实例。他分开了两个世界,并完成了一项3000年来最伟大的君主都未能完成的伟业。之后,他虽然在另一项类似的工程上遭遇失败,但那时他年事已高。万事万物都会在衰老面前黯然失色,就连意志也不例外。

若我们想要展示纯粹的意志力能有何作为,那我们只需把为了挖通苏伊士运河所克服困难的细节展示出来即可。卡利扎斯博士作为目击者,用几句让人怵目惊心的话,总结了这项伟大工程的不朽创造者亲自讲述的故事。"他日复一日,一幕又一幕地讲述这条运河的史诗。他讲述他必须克服的所有困难,每一个他必须变为可能的不可能,每一个针对他的反抗和勾结,所有的失望、挫折和溃败。然而所有这些都不曾令他气馁,亦不曾击败

---

① 雷赛布(Ferdinand de Lesseps, 1805—1894),法国外交官、实业家,成功主持了苏伊士运河的开凿,后组织开凿巴拿马运河失败。下一段提到的"杰出人士"即雷赛布。——译者注

他。他想起与他作对、不断攻击他的英国，犹疑的法国和埃及，在早期工程中比其他人更反对他的法国领事馆。为了跟他作对，有人甚至拒绝供应淡水，以口渴来控制工人，迫使他们背叛他。海军部长和工程师们，他们每一个人在科学和经验面前都死板认真，自然而然地与他为敌，他们从科学的角度断定这将是一场灾难，预言并计算着他大祸临头之日，就像人们计算预测日食会在某时某刻发生一样。"

讲述所有伟大领袖生平的书籍并不会记载太多这些人的名字，然而这些名字却决定了历史和文明中最为重要的事件。

二、领袖的行动方式：肯定、重复与感染

若想在顷刻之间驱使一个群体，让该群体下定决心采取某种行动，如抢劫一座宫殿，用生命去守卫要塞或街垒，我们必须尽快让群体收到一些暗示。这些暗示中最有效的当属榜样。然而群体必须对某些情境有所准备，更为重要的是，那个想要引导群体的人必须具有某种可称之为"威望"的品质，对此我将在后文予以研究。

然而，每当领袖想要在群体的脑海里灌输某些思想和信仰，如近代的社会主义理论，他们的手段就各有不同。他们大体上会利用3种非常明确的方法：肯定、重复以及感染。这些方法起效慢，但是一旦起效，便会产生十分持久的效果。

纯粹而简单的肯定，不带任何的推理和证据，便是把一种思想渗入群体脑海中的最牢靠的方法之一。肯定越简洁，越显得缺

乏证据和推论，它的权威性就会越大。每个时代的宗教经典和法典，往往起源于一个简单的肯定。那些号召去捍卫某项政治事业的政客，以及那些通过广告来推销自己产品的厂商，都明白肯定的价值。

然而，除非被不断重复，并尽可能用同样的术语去重复它，否则肯定发挥不了它真正的作用。我记得应该是拿破仑曾说过：在修辞学里只有一种严格意义上的修辞格，那就是重复。被肯定的事物，通过重复在人的脑海中扎根，直到最终人们会把它当作论证过的真理而接受下来。

倘若我们看一看重复对那些见识最广的人士所发挥的威力，我们就能充分理解它对群体的作用了。这种威力之所以如此巨大，基于以下事实：被不断重复的事物，最终会嵌入我们无意识的深层区域，而在那里将会生成我们行动的动机。一段时间后，我们再也不会记得被重复的论点出自何处，我们最终会对它深信不疑。这就是广告所具有的惊人力量的来源。当我们看了成百上千次"X牌巧克力是最好的巧克力"，就会以为自己听到四面八方都在这么说，最终我们会理所当然地买一盒这样的巧克力。当我们上千次地读到，Y药剂治愈了最显要者历久不愈的顽疾，如果有一天得了同一种疾病的话，我们最终也会拿此一试。如果我们总在同一种报纸上看到，A是一个十足的无赖，而B是一个十分诚实的人，我们最终会相信这套说辞。当然，除非我们经常在另一份报纸上看到截然相反的观点，或者把A与B的性格调换了。肯定与重复，各有各的强大威力，足以互相较劲。

当一个肯定被充分重复，且在重复的过程中也未遭受异议——像碰上了某些知名的信贷企业，有足够的资金收买了所有的竞争者，该肯定就会形成人们所说的主流意见，强大的感染机制就会介入其中。在群体中，人们的思想、情感、情绪以及信仰，都拥有病毒一般的强大感染力。这种现象在自然界中十分常见，我们在结成群体的动物身上也曾见到。在马厩里，一匹马的抽搐很快就会被同一马厩里的其他马匹所模仿。几只山羊的惊慌失措，会很快在整个羊群中扩散。对处于群体中的人们而言，每一种情绪也都会在很短的时间内传染、扩散，这就解释了恐慌的突发性。头脑的混乱，就像精神错乱一样，本身就是可以感染的。我们知道神经科医生得精神病的频率非常之高。最近还有人指出有些精神病，例如广场恐惧症，甚至可以经人传染给动物。

感染性并不要求个体同时出现在同一个地点；在某些事件的影响下，它也可以远程完成：这些事件让所有人产生共同的倾向，并给这些人带来一些该群体所独有的性格。当一群人在心理上受到我上文研究过的远因影响时，就更有可能出现这种情况了。例如1848年爆发自巴黎的革命运动，迅猛蔓延至欧洲的大部分地区，动摇了好几个王权。

我们将很多社会现象归结为模仿，但实际上这只是感染的效应。我已经在其他地方说明过感染的影响，因此我在此处仅仅摘录一段20多年前我对这个问题的论述。从那以后，其他的作者在他们最新的著作里进一步拓展了我的论述。

就像动物一样，人天生会模仿。模仿是人的需求，因为模仿实在是一件相当容易的事情。正是这种需求，让我们称之为"潮流"的东西有如此强大的影响力。不论是意见、思想,还是文学表达,或者仅仅是服饰,有几个人能脱离模仿的影响呢?引导群体不靠说理,而靠榜样。每一个时代,都有一小部分个性鲜明的人,他们的言行给人留下深刻印象,因而会被无意识的民众所模仿。然而,这些人不可太过离经叛道。否则,人们就会很难模仿他们,他们也会因此丧失自己的影响力。正因如此,那些太过超前的人通常没能影响到他们所处的时代。因为两者之间的距离实在太远。也正因如此,在文明上占尽优势的欧洲人,对差异巨大的东方民族的影响却微乎其微。

历史和相互模仿的双重作用,最终会让来自同一国家同一时代的所有人彼此相似。即便是如哲学家、学者和文人,这些看上去最该免于此种作用之人,其思想和风格还是会有着相似的气息,会让人立刻辨别出他们所处的时代。我们不必与人长时间的交谈,就能充分了解到他的学识、他的日常消遣以及他所生活的环境。[1]

感染的力量如此之大,不仅能在个体头脑中植入一些想法,甚至还能让他们接受某些感知的方式。它让某些作品,如《唐豪塞》[2],在某个时代备受冷遇,但几年后,又让对它诋毁得最厉害的那些人大肆吹捧。

---

[1] 古斯塔夫·勒庞,《人与社会》(*L'homme et les Sociétés*),第2卷,第116页,1881年出版。
[2] 《唐豪塞》,德国作曲家瓦格纳的歌剧,首演于1845年。——译者注

群体的信仰和想法得以传播，所凭借的机制从来都不是推理，而是感染。正是在小酒馆里，通过肯定、重复和感染的方式，现今工人阶级的理念得以建立；要创造每一个时代的群体信仰，除此之外，别无他法。勒南[①]就把基督教早期的创建者，准确地比作"从一间小酒馆到另一间小酒馆传播自己思想的社会主义工人"；伏尔泰在谈到基督教时也曾注意到："在 100 多年的时间里，只有那些最卑贱的下层人民才会皈依基督教。"

值得注意的是，正如我刚才所举的例子，感染在平民阶层起效后，接着就会向这个社会的上层蔓延。这就是我们今日所见到的现象：社会主义学说已经开始俘获人，这些人是该学说的首批受影响者。感染的机制是如此强大。

这也是为什么所有流行的观念，无论它的荒谬之处多么显而易见，最后总会高唱凯歌，在社会的最上层牢牢扎根。这里体现的就是下层对上层的反作用力。因为群体信仰总是或多或少来源于某些上层思想，然而这些上层思想在自己的诞生地却影响寥寥，这种反作用力因而显得更为吊诡。这些上层思想在俘获领袖后，又为他们所有，并被他们所曲解，创造出一种经过全新诠释的宗派，然后在群体中散布，而群体则会把它们曲解得越发面目全非。

成为民众的真理后，经改造的思想又会以某种方式回到它的源头，并对一个民族的上层产生影响。虽然就长远而言，这个世界归根结底是被智慧所引导，但它的效力实在是相当隐晦。提出

[①] 勒南（Ernest Renan，1823—1892），法国宗教学家、历史学家、哲学家、作家，著有《耶稣传》（*Vie de Jésus*）。——译者注

思想的哲学家们，当他们的思想在我刚刚描述的机制的作用下，最终大获全胜时，他们却早已作古归尘。

三、威　望

思想经由肯定、重复和感染而传播，其威力无穷，并最终会获得一股名为"威望"的神秘力量。

一切统领世界者，无论它是人还是思想，都会因"威望"一词所流露出来的令人无法抗拒的力量而被人所敬服。每一个人都理解这个词的含义，但是因为人们使用它的方式太过多样，因而定义该词并不容易。威望可以包含某些情感，如赞赏之情或畏惧之感；它甚至在有些时候以这些情感为基础，但也能完全脱离这些而存在。逝者的威望最大，如亚历山大、恺撒、穆罕默德和释迦牟尼等。这些人已经离世，因而我们不再畏惧。另一方面，有一些不被我们赞赏的人或传说，如印度地下庙堂里怪物一样的神灵，在我们看来同样有着很高的威望。

实际上，威望是某个人、某部作品或者某种思想在我们头脑里施加的控制力。这种控制力会麻痹我们所有的批判能力，并让我们的心灵充满惊奇和敬畏。这种被启发的情感跟所有的情感一样，是无法被解释清楚的，但是它应该与那种由魅力事物所引起的着迷感同源同宗。名望是一切控制力中最强力的因素。如果没有它，无论是神灵，还是君主或女人，都不再有控制力。

五花八门的威望主要可以被分为两大类别：获得性威望和个人威望。前者是指由名号、财产和名誉所带来的威望。它可以独立于个人威望。与此相反，个人威望是个体所有之物，它可以和名誉、荣耀以及财富共存，可以被这些东西强化，但也可以完全脱离它们而存在。

获得性威望，或人为的威望，是最广为人知的一种威望。一个人占据了一定的位置，拥有了一定的财产，挂上了一定的头衔，仅仅通过这一事实，他就有了威望，不管他的个人价值是多么微小。军人一身戎装，大法官红袍加身，总会让人肃然起敬。帕斯卡尔就曾非常确切地指出假发和长袍对于法官的必要性。没有这些，他们就会丢掉3/4的权威。即使是最不守规矩的社会党人，见到王侯也难免会有点情绪激动；要想随心所欲地诈骗一名商人，拿着这类头衔就足够了。①

以上所讨论的威望，是由人来体现的；此外还有一些威望，体现在舆论、文学或艺术作品等事物中。在绝大多数时候，这些威望只不过是日积月累的反复讲述。历史，尤其是文学史和艺术史，只不过是些无人试图验证的重复论断，每个人最终都

---

① 我们在每一个国家都能看到头衔、绶带和制服对群体的这种影响，即使是在那些个人独立观念最为发达的国家也是如此。我在此要从一位旅行家最近所写的一本关于某些人物在英国的威望的书中，摘引一个奇特的段落：

我在不同的场合中都发现，即使是最理性的英国人，在见到或接触到一位英国贵族时，都会喜不自禁。

如果这位贵族的财力能够支持他的排场，人们便会在还没见到他之前就爱上他，见到他后则会兴高采烈地拥戴他的一切。我们会看到，这些人会因他的靠近而愉悦脸红，倘若他与他们交谈，他们努力克制的愉悦也会让他们的脸变得更红，他们的眼睛里也因此闪动着不寻常的光芒。他们的血液里就流淌着对贵族的热爱，正如人们常说西班牙人好舞，德国人好乐，法国人好革命一样。他们对马术和莎士比亚的热情都没有对贵族的热情强烈，马术和莎士比亚带给他们的满足和自豪，不像贵族那么必不可少。人们发现讲述贵族的书销量相当可观，随处可见，就像《圣经》一样人手一本。

只会重复他在学校所学的东西,而其中的一些名字和事物没人敢去非议。对现代的读者而言,阅读荷马的作品无疑枯燥异常,但是又有谁敢大放厥词?如今的帕提侬神庙[①],无非就是一堆让人兴致全无的废墟,但是它的声名如此显赫,以至于我们看待它时,不得不回想起它所历经的一切。威望的本性,就是阻止我们看穿事物的本来面目,并麻痹我们所有的判断。无论针对何事,群体总是需要现成的想法,个体在绝大多数时候亦是如此。这些意见的成功,与它们是对是错全然无关,仅仅取决于它们的威望。

现在,我要谈论个人威望。它在性质上与我刚刚分析的人为或获得性威望十分不同。这是一种与任何头衔、任何权威无关的才能。它只被一小部分人所有,并使这些人对他们周围的人释放一种真正有吸引力的魅力,即使这一小部分人在社会上与后者地位平等,并且也不具备任何通常的控制手段。他们把自己的思想和感受强加给他们周围的人,并且让人们像猛兽服从一名它们本可以不费吹灰之力就吞掉的驯兽师那样,对他们俯首帖耳。

群体的伟大领袖,如释迦牟尼、耶稣、穆罕默德、圣女贞德和拿破仑,他们都有着这种形式的崇高威望;正因如此,他们才受众人敬服。所有的神灵、英雄以及教义都非此不可,并且不容非议;一旦人们开始探讨,他们就会消散不见。

我刚刚列举的这些大人物,早在声名显赫之前,就已经具备

---

① 帕提侬神庙,祭祀古希腊雅典城邦的女守护神雅典娜·帕提侬的神庙。建于公元前447—前432年,位于雅典卫城,外形为古希腊多利克柱式,是古希腊全盛时期的建筑和雕刻代表,自中世纪以后历遭破坏,今仅存遗迹。——译者注

如今的帕提侬神庙，无非就是一堆让人兴致全无的废墟，但是它的声名如此显赫，以至于我们看待它时，不得不回想起它所历经的一切。

了这种迷惑人心的能力。若非如此，这些人也无法闻名于世。例如，拿破仑在声名鼎盛时，仅仅凭借他的权力这一事实，就能散发出无尽的威望；然而当他完全不为人所知并毫无权柄时，就已经部分地拥有了这种威望。那时他还是一名默默无闻的将军，被派去指挥一支意大利军队，他周围全是粗鲁的将士，预备给这名督政府派来的年轻擅入者来个下马威。然而从第一次会面的第一分钟开始，一言未发，一动未动，且并无恐吓，仅仅是第一次眼神接触，明日的伟人就驯服了他们。泰纳先生根据当事人的回忆，生动地描绘出这次会面。

奥热罗①就在这些将帅中间，他是一名蛮勇的军人，他对自己的大高个和勇气很自得，他满腹怨气地去司令部面见这个巴黎派来的矮个子暴发户。起先他心怀偏见，无视别人对此人的描述：一名巴拉斯②跟前的红人，一名在葡月任命的将军③，一名街头将军；他看上去像头熊，其貌不扬，因为总在独自思考，有着数学家和梦想家的美名。

---

① 奥热罗（Pierre Augereau，1757—1816），法兰西第一帝国元帅，以作战勇猛闻名。——译者注

② 巴拉斯（Paul Barras，1755—1829），法国督政府的主要领导人，最早赏识拿破仑的人之一。——译者注

③ 1795年8月22日，法国国民公会颁布了新的"共和三年宪法"；10月4日（即法国共和历葡月12日），反对派在巴黎发动暴动。巴拉斯受命镇压，他召来了1793年土伦战役中崭露头角的拿破仑·波拿巴。领命而来的拿破仑临危不乱，命他的骑兵营长缪拉调来大炮，在当时的国民公会所在地杜伊勒里宫，用猛烈的炮火击溃了四倍于己，总计约2.5万名的暴动者。此役过后拿破仑获誉"葡月将军"。而根据新宪法，国民公会于10月26日解散，新的立法两院于翌日选举出督政府，开启了法国的督政府时代。——译者注

他们被带到司令部，波拿巴让他们等着。最后他还是来了，戎装佩剑。他向他们解释了他的部署，给他们下达命令并解散大家。奥热罗哑口无言，出来之后才恢复镇定，并讲回他日常的粗话；他向马塞纳①承认，这个小……将军让他感到害怕；他无法理解这种从第一眼开始就让他觉得他已经被制服的力量。

成为伟人后，拿破仑的威望与荣耀同步增长，至少在他的信众看来，他的威望与神灵的威望并驾齐驱。旺达姆将军②是参加过大革命的粗野军人，粗暴与刚毅之处，比奥热罗有过之而无不及，1815年的某天，当他和奥尔纳诺③元帅一起踏上杜伊勒里宫的台阶时，他告诉元帅：

> 我亲爱的朋友，这个魔鬼般的人对我施展了一种我自己未曾觉察的魔力。我这种不惧神魔的人，一靠近他却像个小孩一样开始发抖，我愿意为他赴汤蹈火。

---

① 马塞纳（André Masséna，1758—1817），法兰西第一帝国元帅，被誉为"胜利之子"。——译者注

② 旺达姆（Dominique Vandamme，1770—1830），拿破仑手下的名将，在大革命期间就已晋升为将军。因未被授衔元帅，曾公开批评过拿破仑。——译者注

③ 奥尔纳诺（Philippe Antoine d'Ornano，1784—1863），拿破仑战争期间被提拔为将军，1815年的军衔为少将。后在法兰西第二帝国时期被拿破仑三世授衔法国元帅。——译者注

拿破仑对每一个靠近他的人都施展了这种魔力①。

达武②谈起他自己和马雷③的献身精神时说:"如果皇帝对我们两个人说:'去摧毁巴黎,不要让任何一个人离开或者逃脱,这对我的政治利益至关重要。'我确信马雷会保守秘密,但是他最终还是抗令放走家人。而我,为了不引起皇帝的猜疑,我会把我的妻儿留在巴黎。"

要理解拿破仑从厄尔巴岛返回法国的壮举,我们就必须把这种迷惑人心的惊人力量铭记在心。当时他孤身一人,面对的是一个泱泱大国组织有序的举国之力——这个国家想来已厌倦了他的暴政,可他仍能以迅雷之势拿下法国。因为他只要看一眼那些派来制服他,并信誓旦旦一定要擒获他的将军们,这些人就会二话不说,臣服于他。

英国将军沃尔斯利写道:"拿破仑踏上法国时,几乎孑然一

---

① 拿破仑对自己的威望心知肚明,他知道如果他把这些围绕他的大人物看得比马夫还轻贱的话,他的威望反而会更大。他们中有好几位是国民议会的议员,曾让欧洲闻风丧胆。当时的叙述中充满了关于这一点的意味深长的事件。有一天,国务会议还在进行,拿破仑像对待一个学艺不精的仆人一样,极其粗暴地责骂伯格诺(Jacques Claude Beugnot, 1761—1835, 法国大革命时期的政治人物,和波拿巴家族关系密切。——译者注)。这样做产生了效果。他走到伯格诺跟前,对他说:"好了,蠢材,你现在找到脑子了吗?"伯格诺高得像军乐队的鼓手长,腰却弯得极低,随后,这个小个子伸出手,揪住那位大高个的耳朵,把他提了起来。"这是恩宠的表露,令人心醉,"伯格诺写道,"这是主人有人情味的亲密举动。"这些例子清楚地表明,威望能让下级对上级卑躬屈膝的程度。它们也能让人明白大独裁者极其蔑视他们身边的人,仅仅把这些人看成"炮灰"而已。

② 达武(Louis Nicolas d'Avout, 1770—1823),法兰西第一帝国元帅,以忠诚和擅长谋略闻名。因作战顽强,被誉为"钢铁元帅"。——译者注

③ 马雷(Hugues-Bernard Maret, 1763—1839),法国外交家、政治家,法兰西第一帝国时期先后出任国务秘书和外交大臣。后在七月王朝时代短暂出任过法国总理,历时8天(1834年11月10日—11月18日)。——译者注

身。他这个厄尔巴小岛的逃犯，逃离了他曾经的王国，在几周之内，兵不血刃，成功摧毁了合法国王统治下的所有机构。还有比这更令人目瞪口呆的个人威望吗？在这场他最后的战役中，自始至终，他对同盟的支配，何等令人刮目相看！他让他们听命于他的意志，还差个一星半点，就能消灭他们了！"

在他死后，他的威望仍存于世，有增无减。正是他的威望，让他的一个说不清道不明的侄子得以加冕称帝[①]。看看时至今日，那些重新出现的他的传说，人们就会明白这个伟大的亡灵具有多么强大的力量！虐人悦己，杀人无数，侵伐连连，只要你拥有足够的威望，以及维持威望的必要天赋，以上这些事情你都可以为所欲为。

毫无疑问，我在此援引了一个相当特殊的案例，但是为了让人理解那些伟大宗教、伟大帝国和伟大学说的起源，引用这个例子是完全必要的。如果没有威望在群体身上所施展的力量，它们的起源将会无法理解。

然而威望不仅以个人权势、赫赫战功和宗教恐慌为基础，它还有一些更为平常的根源，但也相当可观。19世纪就有好些关于威望的例子，其中最让人印象深刻、被后世代代相传的例子，就是那个把大陆一分为二，改变了地球面貌和人类商贸关系的名人故事。他之所以能获得事业上的成功，既因为他有着无穷的毅力，也因为他能对所有围绕在他周围的人施展魔力。为了克服自己所遭遇的全面反对，他不得不发表讲话。他说了一会儿之后，在他施展的魅力之下，反对者都变成了他的朋友。英国人尤为激烈地攻击他的方案，

[①] 关于拿破仑三世的生父是否另有其人，以及他与拿破仑·波拿巴是否真有血缘关系，一直流言不断。这一点常被他的反对派拿来作为谈资。——译者注

他只能前往大不列颠以争取每一张选票。可不久以后，当他经过南开普敦时，钟声为他而鸣。如今，心系他的英国还要为他竖起一座雕像。在战胜了所有的人和事后，他相信自己所向披靡，并决意在巴拿马再开一条和苏伊士一样的运河。他故技重施，但英雄迟暮。此外，也只有当一座山不是太高的时候，它才能被信念所移走。高山岿然不动。随之而来的灾祸却毁掉了包裹英雄的炫目的荣耀光环。他的一生，充分说明了威望如何壮大，如何消失。在有了伟大崇高可与历史上最负盛名的英雄比肩的经历之后，祖国的法官们又把他贬为最卑劣的罪犯之流。他死后，棺木在麻木的民众中间孤独地穿过。只有外国的君主们把他看作历史上最伟大的人物之一，吊唁纪念他。①

---

① 一份外国报纸，维也纳的《新自由报》(*la Neue Freie Presse*，1848 年创办于奥地利的一份右翼势力的日报，至今仍在出版。——译者注)，专门研究了雷赛布的命运，文中的思考是十分合理的心理学见解，正因如此，我在此将其摘录出来：

人们在判处了费迪南·德·雷赛布之后，就无权再对克里斯托弗·哥伦布的悲惨下场大惊小怪了。如果说费迪南·德·雷赛布是个骗子，那么所有高贵的梦想就是一场犯罪。古人应该会给雷赛布献上荣誉的桂冠以志纪念，并让他在奥林匹克神山中间饮下一杯甘露。因为他改变了地球面貌，他完成的工程完善了创造。上诉法庭的首席法官将因判处费迪南·德·雷赛布而被永远记住，因为人们总会追问，是谁无惧抹黑这个时代，让一位一生都在为同代人增光的老人套上囚衣。

在官僚主义仇视伟大创举之地，不必再谈论刚正不阿的正义。国家需要这些勇猛之士，他们不关心一己得失，相信自己并跨越所有的阻碍。天赋异秉者不可小心谨慎；一旦如此，他就再也无法扩大人类活动的范围。

……苏伊士运河和巴拿马运河，让费迪南·德·雷赛布品尝过凯旋的兴奋，也领略了失望的苦涩。他的心在此与成功的伦理做斗争。当雷塞布成功地联通两大海域时，王公和百姓都向他致意；今天，败给了礁岩和科迪勒拉山系（世界最长的山系，纵贯美洲大陆西部。——译者注）的他，就只是一个骗子……在此，我们看到了社会各阶层之间的斗争，官僚和雇员们有所不满，这些人要利用刑法来报复同胞中想要出类拔萃的人……在人类天才的伟大思想面前，现代的立法者们尴尬不已，公众所知更少；一名普通律师很容易就能证明斯坦利（Henry Morton Stanley，1841—1904，英国著名记者、探险家，以一系列非洲探险出名。——译者注）是凶手，雷赛布是骗子。

在有了伟大崇高可与历史上最负盛名的英雄比肩的经历之后，祖国的法官们又把他贬为最卑劣的罪犯之流。他死后，棺木在麻木的民众中间孤独地穿过。只有外国的君主们把他看作历史上最伟大的人物之一，吊唁纪念他。（图为雷塞布）

然而刚刚所举的不同案例，代表的仍是极端情形。若想在细节上构建与威望相关的心理学，我们就必须把它们放在一个系列的两个极端之中。这个系列的一端是宗教和帝国的缔造者们，另一端则是试图用新衣服或装饰来获得邻居赞赏的个人。

在这个系列的两极中，所有形式的威望，都能在包括科学、艺术、文学在内的不同文明元素里找到一席之地。我们将会发现，威望是构成说服力的核心要素。无论是有意还是无意，拥有威望的人、思想或事物，通过感染，会被立刻模仿，并迫使整整一代人接受某种体验和传达想法的方式。此外，模仿在绝大多数时候是无意识的，也正是这种无意识让模仿变得无懈可击。那些重描褪掉的颜色，重绘某些原始人僵直的姿势的现代画家们，几乎从未对自己的灵感来源产生怀疑；他们相信自己的真诚，然而如果没有某位杰出的大师让这种艺术形式获得重生的话，人们便只能看到这门艺术幼稚粗劣的一面。那些学着另一位大师，把紫色阴影涂满各种画布的画家们，并没有在自然界里看到比50年前更多的紫色，他们只是受到了另一位画家的个性及其独有风格的暗示罢了，而这位画家尽管古怪，却成功地撷取了很高的威望。我们很容易就能在文明的每一个要素里，找到类似的案例。

之前所述，让我们很好地看到，尽管一些要素可以成为威望的起因，但最为重要的因素永远是成功。每一个成功的人，每一种被人所接受的思想，便会因成功这个事实而不再被质疑。成功是威望的主要基础，其证据在于，一旦不再成功，威望几乎也总是随之散去。前一天还被群体拥戴的英雄，如果遭受到失败的打击，也会在第二天被群体所嘲弄。威望越高，这种反应就会更加激烈。当英雄跌落，民众会视他们为自己的同类，他们会为之前所屈服的、但现已无法在英雄身上找到的权威报仇雪恨。当罗伯斯庇尔把他的同僚和为数众多的同代人送上断头台时，他拥有无上的威望。当某些选票变动，夺走他的权力时，他立刻就失去了这种威望，民众咒骂着送他上了断头台，如同对待他昔日的牺牲品一样。信徒们总是怒不可遏地打碎他们过去所供奉的神灵的神像。

缺少成功的威望转瞬即逝。威望也会因议论而被耗尽，但这种方式耗时更长。然而这种方式却非常有效。被议论的威望已经再也不是威望了。知道如何长久维持自己威望的神和人，从来都不允许议论。为了能被群体所敬仰，他们必须和群体保持距离。

第四章　群体信仰与想法的变化范围

一、稳固的信仰。某些普遍信仰的不变性/这些普遍信仰是文明的指引/将这些信仰连根拔起的困难/为什么偏执会成为一种民族美德/普遍信仰在哲学上的荒谬性并不妨碍它本身的普及。二、群体的想法捉摸不定。不是由普遍信仰产生的想法极其多变/思想以及信仰在近百年来明显发生的变化/这些变化的真实范围/变化所包含的元素/普遍信仰在当前的消失。报刊的过度传播，使我们这个时代的想法变得越来越捉摸不定/群体对大部分事物为何会有漠不关心的倾向/政府在引导想法方面不再像从前那样有力/当今想法的碎片化阻碍了它的专制

一、稳固的信仰

生物的解剖学特征和它们的心理学特征极其相似。我们发

现，有些解剖学特征一成不变，或变化极其细微，需以地质年代来计算。然而除了这些固定且顽强的特征外，我们还会看到一些极其易变的特征。环境、畜牧及园艺技巧都能轻易令其发生改变，有时甚至会让粗心的观察者看不到它们的基本特征。

我们在道德特征里观察到同样的现象。一个族群除了顽固的心理特征外，还有一些可变且多变的因素。这也就是为什么在研究一个民族的信仰和想法时，我们总能看到在一个十分坚固的基础之上，嫁接着多变的想法，就如同岩石之上覆盖着砂砾。

因此，群体的信仰和想法形成了两个区别相当明显的类别。一方面是重大而持久的信仰，它们流传了几个世纪，整个文明都以此为根基，例如过去的封建观念、基督教思想和宗教改革思想，我们现在的民族原则、民主思想以及社会思想。另一方面则是暂时而多变的想法，它们大多来自在每个时代中诞生又消亡的普遍观念，例如在某些时代引领艺术及文学的理论，产生了诸如浪漫主义、理想主义、神秘主义，等等。它们通常是肤浅的，像时尚一样多变。它们是深邃湖泊表面不断出现又不断消失的小小浪花。

伟大的普遍信仰在数量上屈指可数。它们的诞生与消亡，形成了历史上每一个族群各自的历史高峰。它们构成了文明的真正框架。

要在群体心里确立一种一时的想法非常容易，但要植入一种持久的信仰却十分困难。同样，要摧毁一种已经确立的信仰也十分艰难。在绝大多数时候，只有通过暴力革命，人们才能改变它。甚至只有当信仰几乎完全无法对人产生作用时，革命才具备这种力量。此时，革命的作用就是最终清扫几乎已被遗弃，但惯例的枷锁还在阻碍人们彻底抛弃的事物。实际上，革命的开始就是信仰的终结。

标志着一种伟大信仰开始消亡的确切日期，很容易就能识别出来；这一天正是这种信仰的价值开始被人争论的日子。每一种普遍信仰都只是一种不接受审查才能存在的假想。

然而，即使一种信仰已经被强有力地动摇了，由它而产生的制度仍保有它们的势力，并且只会缓慢地消失。当这个信仰最后失去了自己全部的力量时，它所支撑的一切也都会即刻崩塌。任何一个民族想要改变自身的信仰，都不得不改造自己文明中的所有要素。

这一改造过程一直持续到民族找到一种新的能被接受的普遍信仰为止，在这之前它不可避免地处于无序状态。普遍的信仰是文明的必要支撑，它让思想具有倾向性。只有它能激发信念，产生义务。

每一个民族总能体会到获取普遍信仰的好处，并本能地明白，普遍信仰的消失意味着自身衰落。对古罗马的狂热崇拜，正是这种信仰让古罗马人成为天下之主；而这种信仰的崩塌之日，也必将是古罗马的衰败之时。与此同时，对摧毁古罗马文明的蛮族而言，也只有当他们获得了一些共同的信仰之后，他们才会达到某种程度上的共融，并摆脱无序状态。

因此，各民族总是偏执地捍卫自己的信念，这并非没有理由。这种从哲学的角度看如此值得批判的偏执，是各民族生活中最为必要的美德。正是为了确立以及维持普遍信仰，中世纪才会筑起这么多的火刑台，才会有那么多的发明家或革新者，规避了火刑后仍绝望而死。正是为了捍卫这些普遍信仰，这个世界才会被颠覆这么多次，已经有并还将有无数的人命丧沙场。

一种普遍信仰确立起来是非常困难的，但是一旦得以最终确立，它的力量在很长时间内将会所向披靡；不管它在哲学上是如何漏洞百出，它都能被最杰出的智者接受。1500多年以来，欧洲人不也把宗教传说当成无可争议的真实事件了吗？当我们进一步审查它们时，就会发现这些传说与摩洛①的传说一样野蛮②。传说中上帝因被他所创造出的生灵背叛，就对自己的儿子施加恐怖的酷刑来进行报复，这其中的荒谬之处，在这么多个世纪里难道就没被人觉察吗？天赋最高者如伽利略、牛顿、莱布尼茨，他们甚至连片刻也未曾假想过，这些信条的真实性其实可以质疑。再也没有什么事例，能比这更好地展示由普遍信仰所产生的催眠作用；也没有什么事例，能比这更好地指明我们精神上令人感到羞愧的局限性。

新的信仰一旦在群体内心深处扎根，它就变成了该群体各种制度、艺术以及行为方式的灵感来源。接着，它全面控制着群体中的人。实干家们一心想着如何实现它，立法者们一心想着如何应用它，哲学家、艺术家以及文学家，一心想着如何用不同的形

---

① 古代地中海东部地区崇拜的邪神，供奉时由父母献上自己的子女，并放入火中焚烧。——译者注

② 我的意思是，它在哲学意义上是野蛮的。但在现实中，它创建了一种全新的文明，使人类在1500年的时间里，窥探到那令人着迷的，充满梦想和希望的神秘乐园。

式将它表现出来。

一些临时、附属的思想会从基本信仰中派生出来,但是这些思想总是带有萌发它的信仰的烙印。古埃及文明、中世纪的欧洲文明、阿拉伯的穆斯林文明,都是少数几种宗教信仰的产物。后者在这些文明最细枝末节的地方也都盖上了自己的标记,并让人一眼就能识别。

正因如此,得益于普遍信仰,每一个时代的人们都被一张传统、观念和习俗之网所包围,套上了他们不知如何摆脱的桎梏,这个桎梏让他们总能彼此相似。能操控人的,是信仰和来自这些信仰的习俗。它们控制了我们生命里最细微的行为,就连最有独立性的头脑也别想摆脱它们。这是真正的专制,因为它是我们唯一无法反抗的专制。毫无疑问,提比略[①]、成吉思汗、拿破仑都曾是令人生畏的专制君主;但是摩西、释迦牟尼、耶稣、穆罕默德、路德,都对人施展过更为沉重的专制统治。一场阴谋可以推翻一位专制者,但它能铲除深入人心的信仰吗?在与天主教激烈对抗的过程中,尽管有群体表面的赞同,尽管有着跟宗教裁判所一样不留情面的毁灭手段,被击败的却还是我们伟大的法国大革命。人类所知的唯一真正的专制者,往往是亡灵的阴影,或者是由这些阴影所产生的幻觉。

普遍信仰通常在哲学上表现出来的荒谬性,从来都没有成为它凯旋的障碍。甚至只有当信仰含有某些神秘的荒诞性,这种

---

① 提比略(Tibère,公元前42—公元47),古罗马帝国第二位皇帝。在古罗马史学家的笔下,他残暴而好色;近现代历史学家则依据石碑铭文等史料为他翻案。——译者注

胜利才有可能实现。因此，虽然当前的社会主义信仰有着明显的不完善，但是这并没有阻止它们俘获人心。与所有的宗教信仰相比，宗教信仰所允诺的理想幸福只能在来世实现，因此没人能保证这种幸福最终能否实现；社会主义的理想幸福却想要在现世实现。正因如此，如果说新的宗教起初像所有它之前的宗教那样，施展了破坏性的作用，接下来它却无法像那些宗教那样，扮演创造性的角色了。

二、群体的想法捉摸不定

我们刚刚展示了稳固信仰的威力，而在此之上，存在着由各种想法、意见和思想组成的表层。这些思想、意见和想法在表层里不断出现又不停地消失。它们中有些可谓朝生暮死，活不过一天；即使是最为重要的，也长不过一代人的时间。我们已经指出，这些意见上的变化，有时要比真正的变化肤浅得多，并且它们总带有族群特质的痕迹。例如，想想我们所生活国度的政治制度，我们就能看到那些表面看起来大相径庭的政党，如君主主义者、激进主义者、帝国主义者、社会主义者等，其实都有一个完全一致的理想，只有我们族群的精神构造才能影响它。而在类似的名称下，在其他族群中，我们发现的却是截然相反的理想。改变事物本质的，既不是给想法所起的名号，也不是那些具有欺骗性的改编。法国大革命时期全身心沉浸于拉丁文学的资产阶级，他们的眼睛只盯着古罗马共和国，采纳其法律、权标和长袍，竭尽全力地效仿它的制度和榜样，但他们却成不了真正的古罗马人，因为他们被一种强大且有历史意义的暗示势力所控制。哲学家的角色在于找出外在变化之下，古老信仰仍保留的东西，以及在想法的滚滚波浪里，识别出由普遍信仰和族群本质所决定的事物。

没有这种哲学上的把关，人们会认为群体改变宗教信仰和政治信仰是频繁且随意的。其实纵观整个历史，无论政治史、宗教史、艺术史抑或文学史，似乎都在证实这一点。

让我们以我们经历过的一段历史时期，即1790—1820年这短短的30年，一代人的时间为例。在这段时期内我们看到，一开始是君主主义者的群体，后来变为革命者，接着是帝国主义者，再接着又变回君主主义者。在宗教上，他们在同一段时期内，先是由天主教转向无神论，接着转向自然神论，随后又回到了最彻底的天主教立场。不仅群体如此，群体领袖也别无他样。我们目瞪口呆地看着国民公会中的要人，这些君主的死敌，这些既不需要神灵也不需要主宰之人，变成了拿破仑谦卑至极的仆人，接着又虔诚地为路易十八的游行队伍秉烛。

在接下来的70年里，群体的想法还发生了另一些改变。19世纪初"背信弃义的英国佬"，在拿破仑继承人的统治时期，变成了法国的同盟者；先后两次被我们入侵的俄国，曾如此欢呼我们最近的挫败，突然又被我们当作朋友了。

想法在文学、艺术和哲学上的变更则更为快速。浪漫主义、自然主义、神秘主义等，逐个产生，又逐个消亡。昨日还被人欢呼拥戴的艺术家和作家，明天也许就会被人所深深鄙视。

然而当我们深入分析所有这些表面上的变化时，我们能发现什么呢？所有与普遍信仰和族群体验背道而驰的事物都是短命的，改道的河流很快就会重返主流。那些没有依附任何一种普遍信仰及族群体验，因而也不具备固定性的想法，将任凭机遇的摆布。或者，也可以这么说：它们会被环境里最不起眼的变化所支配。这些由暗示和感染形成的想法往往昙花一现；有时它们诞生与消亡都在须臾之间，如同海边由风吹来的沙丘。

目前，群体想法的易变，有胜以往任何时候；这与以下3个不同的原因有关：

首先，老旧的信仰日渐失去自身的控制力，再也不能像以前那样为一些暂时的想法提供确凿的方向，进而影响它们。普遍信仰的消失，给一堆既无来源又无去向的特定想法留下了空间。

其次，随着群体势力日益壮大，而能制约它的力量越来越少，我们所观察到的群体思想的极度多变性，得以淋漓尽致地体现。

再次，近来出版物的传播，它们不断把最对立的想法送到群体眼前。每一种出版物可能生成的暗示，很快就被那些截然相反的暗示所破坏。由此产生的后果是，任何想法都无法普及，注定只是昙花一现。它们还未扩散到尽人皆知，就已经消失了。

这些不同的因素，给世界历史带来一种全新的、完全富有当代特色的现象，我在此处所指的是政府在引导舆论方面的无能为力。

从前，这个"从前"其实并不久远，政府的动作，几位作家的影响以及少数几份报纸，就构成了真正的意见调节器。今天，作家们已经全然丧失影响力，报纸也只是反映意见而已。至于政客，他们远不能控制意见，只能努力亦步亦趋。他们害怕意见，有时甚至惊慌失措，再没有稳定的行动路线。

于是，群体的想法，越来越成为政治的最高指示。今天，它能迫使结盟，正如我们最近与俄国的联盟，绝对是出自群众运动的结果。另外，教皇、国王以及皇帝们，纷纷屈尊接受媒体的采访，就某个既定的话题发表自己的看法，让群众来评判，这也是当今的一个奇特征兆。在以前，我们还可以说政治不是感情用事。可如今我们还能这么说吗？善变的群体不知理性为何物，只被感性所引导，越发以他们的冲动来支配政治。

至于出版物这一过去的言论指挥，在群体势力面前也像政府一样，不得不躲去一旁。诚然，出版物有着可观的影响，但这仅仅是因为它是群体言论及其永无停歇的变化的晴雨表。在成为单纯的通讯部门之后，它不再试图植入任何一种思想及学说。它追随公共思想的每一个变化，而竞争的需要也迫使它好好追踪这些变化，以免流失读者。像《宪法报》《论坛报》和《世纪报》这些上一代人奉为圭臬的老喉舌，在过去庄严且有影响力，现在或已消失，或沦为资讯小报，塞满了花边消息、市井八卦以及财经广告。如今，到哪还能找到一份报纸，有钱到能让它的撰稿人直抒己见？而这些观点对那些只求消遣和获取信息，并总在质疑每则推荐背后的投机者的读者来说，又是怎样的无足轻重？评论家甚至不再有能力捧红一本书或一出戏。他们可以恶语中伤，却捧不了场。报纸充分意识到一切批评言论和个人意见的无用性，以至于渐渐地，他们取消了文学评论，而是仅提一下某本书的书名，或者写上两三行广告。也许20年后，戏剧评论也将面临同样的境遇。

如今，监测言论已经成了出版界和政府的根本要务。一个事件、一项法案、一场演讲，会产生什么效果？这就是出版界和政府不断需要了解的；但这并不是一件容易的事情，因为没有比群体的思想更变幻不定的东西了，也没有比群体用诅咒谴责来招待前一晚还被他们欢呼拥戴的事物更常见的事情了。

这种舆论引导的全然缺失，和普遍信仰的消失一道，最终导致了一切信仰的完全瓦解，以及群体的日益冷漠——事不关己，高高挂起。而学说的问题，以社会主义为例，则在于他们只能在完全文盲的阶层中，如矿井和工厂工人中，招募到真正虔诚的捍卫者。小资产阶级，或者受过点教育的工人，不是变成怀疑论者，就是变成一个完全捉摸不定的人。

30年来，这样的演变着实惊人。在之前的时代，虽然距今也不算太久，舆论还有一个大体的方向；它们往往来源于某种基本的信仰。一个人若是君主主义者，仅仅凭借这一事实，我们便知道他在历史和科学方面必然有着一些非常顽固的想法；而倘若一个人是共和主义者，也仅仅凭借这一事实，我们便可以断定他会有一些截然相反的想法。君主主义者很清楚，人不是由猴子演变过来的，而共和主义者则确信人是由猴子演变而来。君主主义者谈及大革命时必然心怀畏惧，而共和主义者则语带崇敬。人们说起有些名字时，如罗伯斯庇尔和马拉，应当一脸虔诚，而说起另一些名字时，如恺撒、奥古斯都和拿破仑，则必须痛骂斥责。即使在我们的索邦大学里，还是普遍存在着这种天真的感知历史的方式。①

今天,在讨论和分析面前,所有的意见都失去了自己的威望;它们很快就被磨平了棱角,持续的时间也非常短暂,很难再激起我们的激情。现代人越来越变得麻木不仁。

对于这种想法的总体衰退,我们不必太过惋惜。这无疑是一个民族生命的衰败之兆。的确,先知、使徒、领袖,以及一切信仰坚定者,都拥有远比否定者、批评者和冷漠者更强大的力量;然而也别忘了,以群体当前之力,只要有一种想法能获得被普遍接受的足够威望,它很快就会演变为一股相当专制的力量,以至于所有一切都会立刻在它面前折服,自由讨论的时代也将就此完结,并长时间地消失。群体有时是温和的主宰,就像他们曾经在埃拉伽巴路斯②和提比略时代所表现出来的那样;但是他们也会有疯狂而任性的行为。当一种文明即将落入群体之手时,它也就不剩多少侥幸,再长久地延续下去。要说有什么事情能稍微推迟覆灭时刻的到来,想来也就是群体想法的极度多变性,以及群体对一切普遍信仰不断增长的冷漠。

---

① 在这一点上,我们官方的教授们的著作中有些篇章十分离奇。这些篇章揭示了我们的大学教育在培育批判思维方面有多么欠缺。我摘引以下几行关于法国大革命的文字作为例证。它们出自索邦大学的一位历史教授,这位教授还曾担任公共教育部部长:

攻占巴士底狱不仅是法国历史上,也是整个欧洲历史上的高潮;它开启了世界历史的新纪元。

至于罗伯斯庇尔,我们从这些文字中愕然得知,他的专制主要来自于他的见解、说服力以及道德上的权威;这是一种掌握在正直人士手中的教皇专权!(原书第91和220页。)

② 埃拉伽巴路斯(Héliogabale, 203—222),罗马帝国塞维鲁王朝皇帝,也是第一位出身自帝国东方(古叙利亚)的皇帝,在位期间因荒淫无道而留下恶名。——译者注

第三卷

不同群体分类的定义及其描述

第一章　群体的分类

群体的大致区别／它们的分类。一、异质群体。它们怎样相互区别／族群的影响／族群的本质越强，群体的本质就越弱／族群的本质代表了文明的状态，群体的本质则代表野蛮状态。二、同质群体。同质群体的区别／宗派、等级和阶层

我们已经在本书中指出心理群体共有的一般特征。我们接下来要做的，就是找出群体各自独有的特征。不同类型的集体在合适的刺激物的影响下，转变成群体时会表现出群体的普遍特征，而群体各自独有的特征就是对这些普遍特征的补充。

首先，我们来简单谈谈群体的分类。

我们先从简单的一大群人入手。当这群人是由从属于不同族群的人所组成时，这就是一种最初级的人群形式。这群个人除了对某位领袖的意志或多或少地尊重外，别无其他的共同联系。这

样的人群，我们可以列举一个典型的例子：在长达数世纪里侵袭古罗马帝国、来源五花八门的野蛮人。

比由来自不同族群的个体所组成的人群更高一个层级的，是那种在某些因素的影响下，取得了一些共同特征并最终形成了一个族群的人群。他们有时会表现出群体的特殊特征，但是这些特征或多或少还是由族群的特征所决定。

在本书所研究的若干因素的作用下，这两种人群可以转变成有组织的群体，或心理群体。有组织的群体，可以分类如下：

一、异质群体
（一）匿名群体（例如街道上的群体）
（二）非匿名群体（陪审团、议会等）
二、同质群体
（一）派别群体（政治派别、宗教派别等）
（二）等级群体（军人集团、圣职人员集团、工人集团等）
（三）阶级群体（资产阶级、农民阶级等）

我们将简单指出这些不同类型的群体各自的特征。

一、异质群体

在前文中，我们曾研究了异质群体的特征。它们由任意个体所组成，无论这些个体的职业是什么，也不管他们的智力水平怎样。

现在我们知道，人们一旦组成一个行动的群体，仅仅因为这个事实，他们的集体心理在本质上就已经和他们身为个体时的心理有所区别，智力也不能让他们避免这种不同。我们已经看到，在集体中，智力起不了丝毫作用。只有无意识的情感在起作用。

一个根本因素，族群，能极其明显地区分出不同的异质群体。

我们已多次回到族群的作用这一话题，并且已经指出，族群是能够决定人们行动的最有力的因素。同样地，族群在群体特征中亦显示了它的作用。一个由任意个体所组成，但全是中国人或全是英国人的群体，与另一个也是由任意个体所组成，但混合了不同族群，如俄国人、法国人或西班牙人的群体，会有着很大的不同。

承袭下来的心理结构，造成了人类思考和感知方式的巨大分歧。虽说真的相当罕见，可一旦出现这样的情况，即在同一个群体里，比例基本一致地聚集了一些来自不同民族的个体，那么不管把他们凝聚在一起的利益在表面上如何相似，他们之间的巨大分歧还是会立马暴露。社会主义者在代表大会中把来自不同国家的工人代表们聚集起来的企图，总是以激烈的纷争而告终。一个拉丁民族的群体，无论把它设想为十分革命的或是十分保守的，为了实现自己的要求，无一例外都会寻求国家的干预。拉丁民族的群体往往拥戴中央集权，或多或少还是个恺撒派。与此相反，一个英国人或者美国人的群体，不会指望国家，他们只会求助于人的主动性。一个法国人的群体，会视平等为第一要务，而一个英国人群体则将自由看作当务之急。也正是这些族群之间的不同之处，使得社会主义模式及民主模式的数目，与民族的数量等量齐观。

由此可见，族群的本质全然主宰了群体的本质。它是群体本质的基质，强有力地约束着后者的变动。因此，可以认为一条基本规律就是：相较于弱势的群体本质，强势的族群本质更突出。群体的状态，以及支配群体的，是野蛮或者回到野蛮。正是通过获得稳固的集体心理结构，族群才能逐渐摆脱群体那种不经思考的力量，并脱离野蛮的状态。

除了族群，对异质群体唯一重要的分类，就是把它们分为匿名群体，如街道上的群体，和非匿名群体，如议会和陪审团。前者缺乏责任感，后者培养出了责任感，这造成了两者的行动导向有很大的不同。

二、同质群体

同质群体包括：（一）派别群体；（二）等级群体；（三）阶级群体。

在同质群体的组织中，派别处于第一等级。这种群体容纳了在教育、职业和社会背景上相当不同的个体，这些个体之间的唯一联系就是信仰。派别群体的例子有宗教集团和政治集团。

等级代表了群体可采用组织的最高级别。不同于容纳了一些在教育、职业和社会背景环境上大为不同、仅仅通过共同信仰联系在一起的派别共同体，在等级群体里，个体的职业相同，因此每个人所受的教育及其社会背景环境也十分相似。等级群体的例子有军人集团和神职人员集团。

阶级是由来源多样的个体所组成，将他们聚集在一起的，既不是派别群体里的共同信仰,也不是等级群体里的同一职业,而是某种利益、某些极其相似的生活习惯或教育背景。阶级群体的例子有资产阶级和农民阶级等。

  我在本书中只关注异质群体,至于同质群体的研究(派别、等级和阶级),将会在另一部作品中展开,所以我不会在此继续分析后者的特征。现在,我将只挑选、考察几种典型的异质群体。

第二章 所谓的犯罪群体

所谓的犯罪群体 / 群体可能在法律上是有罪的，但在心理学层面是无罪的 / 群体的行为完全是无意识的 / 不同的案例 / 九月屠杀参与者的心理 / 他们的依据、感受、残忍和品行

在经历某种兴奋期后，群体会受暗示操控，落入一种头脑空白的无意识状态，不由自主，唯命是从，似乎很难把他们归为任何一类的犯罪群体。我之所以保留"犯罪"这一错误的修饰语，仅仅因为它已被新近的心理学研究所认可。群体的某些行为，仅就其行为本身而言，确属犯罪；只不过这些行为，与一只老虎为了消遣，先让它的幼崽撕咬一个印度人，然后再把他吃掉别无二致。

群体的犯罪行为通常都有一个有力的暗示作为动机，随后身处其中的个体被说服，认为他们在服从一项义务，而普通意义上

的犯罪情形根本不是这样。

以上所言，可由历史上群体所犯下的罪行证明。

我们可把对巴士底狱监狱长洛奈先生的谋害，看作一个典型案例。在占领了巴士底狱这座堡垒后，监狱长被群情激昂的群众团团包围，全身上下挨遍了拳打脚踢。有人提议吊死他，有人提议砍了他的头，也有人提议把他拴在马尾拖死。在反抗中，他不小心踢了其中一个参与者一脚。有人建议被踢的人去把监狱长的头砍下来，这个建议很快得到所有人的一致赞同。

这个人是一个居无定所、游手好闲的厨师，他闲逛到巴士底狱只是想看看这儿发生了什么事，他想，既然这个建议众望所归，应该也是个爱国的举动，他甚至觉得可以因为干掉这么一头怪兽而得到一枚奖章。他拿着别人借给他的刀，在监狱长光溜溜的脖子上割起来；但是这把没磨好的刀没能切断脖子，于是他从他的袋子里掏出一把黑柄小刀（身为厨师，他当然知道如何处理肉类），最终成功完成了任务。

在此，我们清晰地看到我们前面指出的原理。因为听从于一项暗示，而这种暗示越是集体的，其力量也就越强大，因而这个刽子手坚信自己做了一件非常值得称颂的事，并且当他得到同胞的一致赞同时，这种信念也就越发自然了。这种行为在法律上，可以被认定为有罪，但在心理学上则不能。

那些所谓犯罪群体的普遍特征，准确而言，在所有的群体身上都能见到：易受暗示、残忍、善变、夸大或好或坏的情感、流露出某种形式的道德等。

我们可以在一个群体身上找到所有这些特点，这就是在我们的历史上制造了"九月屠杀"的群体。此外，这个群体在原理上还深刻代表了制造"圣巴托罗缪大屠杀"的群体。在此，我将引用泰纳先生叙述中的一些细节，这些叙述取自当事人的回忆。

没有人知道具体是谁下达了或暗示了屠杀囚犯来清空监狱的命令。这个人可能是丹东，可能是别的什么人，这都不重要；对我们而言，唯一有意义的事实就是：被指控参与大屠杀的群体，接受了强大的暗示。

屠杀者群体有300人左右，他们组成了一个最典型的异质群体。除了极少数的职业无赖之外，这个群体主要由小商店主和各行各业的手艺人所组成：鞋匠、锁匠、泥瓦匠、理发师、雇工、中介人等。在暗示的影响下，他们就像前文所提到的那个厨子一样，对自己正在履行一项爱国的义务深信不疑。他们肩负双重使命，既是审判者，也是刽子手，然而绝不会认为自己是罪人。

他们深信自己肩负重任，开始组建一种裁判所，并即刻表现出过于简单化的群体思维，以及要求同样过于简单化的群体公正。考虑到被告人数量众多，他们首先决定将贵族、教士、官员和服侍国王的人，不经任何特别的审判——每个人唯一的罪证只是在一名爱国好公民看来从事了犯罪的职业——便成批成批地处决。剩下的人则会根据外貌和名声来定罪。如此一来，群体的基本"良知"就这样得到了满足，然后他们可以进行合法的杀戮，并自由发泄他们残暴的本能——我曾在别处讨论过这种本能的起源，而集体总有能力将这些本能发展到一个很高的程度。不过，

群体的犯罪行为通常都有一个有力的暗示作为动机,随后身处其中的个体被说服,认为他们在服从一项义务。(图为圣巴托罗缪大屠杀后凯瑟琳王后视察的情形)

这并不妨碍他们同时表现出相反的情感。这也是群体的一条普遍规律。他们的心地有多善良，也就有多么的穷凶极恶。

"他们对巴黎工人感同身受，怀有极大的同情心。在修道院，那伙人中的一员在获悉囚犯们整整 26 个小时都没喝水后，就非要处决玩忽职守的监狱看守不可。也亏得囚犯们自己求情，才免其一死。每当一个犯人被（临时裁判所）宣告无罪后：从看守到刽子手们，大家都会争相与他拥抱，为他疯狂鼓掌。"随后人们又开始集体屠杀剩下的人。在整个屠杀过程中，一直流行着一种欢乐的情谊。他们围着尸体唱唱跳跳，"专为女士们"准备了长椅，以便她们愉悦地观看处决贵族。他们流露出一种持久而特殊的公正感。修道院里有个刽子手曾抱怨，女士们的座位被安排得有点远，看不清楚，只有几个刽子手才能体会到痛打贵族们的乐趣。这一公正的观察获得了认可，他们决定让犯人缓缓通过两排刽子手排成的人墙，让这些刽子手们只用刀背击打他们，以此来延长行刑时间。在福斯监狱，犯人会一丝不挂，被凌迟半个小时；接着，当所有人都看够了之后，再将犯人开膛破肚。

与此同时，这些刽子手极其一丝不苟，表现出一种我们已在群体中注意到的道德意识。他们拒绝掠夺犯人身上的首饰和金钱，并把这些送到会议桌上。

在他们所有的行为中，我们总能发现群体本质所特有的幼稚推理形式。正因如此，在屠杀了 1200 个或者 1500 个国家的敌人后，有人提出，那些关着老乞丐、流浪汉和少年犯的监狱，实际上就是关押了一些没有用的饭桶，因此最好把他们全部解决掉，而这个建议很快就被采纳。另外，在他们当中必定会有一些人民的敌人，比如一个名叫德拉昌的女人，她是一名投毒者的遗孀："把她关进监狱，她一定会暴怒的。如果她能做到的话，她肯定会在巴黎放把火。她肯定这么说过。她就是这么说的。把她也除掉就好了。"这样的论证似乎顺理成章，于是所有人都被一网打尽，赶尽杀绝，甚至包括50多个12岁至17岁的孩子。这些孩子有可能会变成国家的敌人，因此最好把他们一并解决了，免除后患。

当一周的工作结束，所有的处决终于告一段落后，刽子手们也可以考虑休息了。他们由衷地认为自己的所作所为很对得起国家，他们向当局索要奖励；最狂热的人甚至还要求奖章。

1871年巴黎公社的故事也给我们提供了与之前相类似的事例。而随着群体势力的不断增长，以及政府权力不断向群体屈服，我们自然还会多次目睹类似的事例。

第三章　重罪法院的陪审团

重罪法院[①]的陪审团／他们的普遍特征／统计数据显示，陪审团做出的表决与他们的组成成分无关／如何影响陪审团／推理的渺小作用／知名律师们的说服方式／让陪审团包庇或严惩的犯罪性质／陪审制度的效用及其被法官取代后的极度风险

我们不可能在此研究所有类型的陪审团，我将仅仅考察最重要的陪审团，即重罪法院的陪审团。此类陪审团构成了一个关于非匿名异质群体的绝佳范例。我们在这个例子中可以找到易受暗示、易受无意识情感主导、在推理方面的低能、易受操

[①] 根据法国刑法对刑事案件性质的划分，刑事一审法院被划分为治安法院、轻罪法院和重罪法院，其中重罪法院是法国唯一设立陪审团审理刑事案件的法院。重罪法院为省级法院，它作为纯粹的刑事法院，对重罪案件具有普遍管辖权。它实行参审制，一般由3名职业法官（1人担任审判长主持庭审，2人担任参审员）及包含9名陪审员的陪审团组成。——译者注

纵者影响等特征。通过研究，我们将有机会观察到一些有趣的样本，而这些实例中的谬误，正是由一些不了解集体心理学的人所犯下的。

　　陪审团首先证明了，组成群体的不同个体的智识水平，对决策的影响甚微。我们发现，当人们聚集在一起，被要求就某个非技术问题提供意见时，智力起不了任何作用；一群学者或艺术家聚集在一起，仅仅如此，并不能让他们在一般议题上所做出的判断，与一群泥瓦匠或杂货商有什么不同。有好几个时代，当局都会对应征的陪审员严挑细选，他们通常是从那些受过教育的阶级中招聘，如教师、公务员、文人等。而如今，陪审团主要是在小商人、小老板和雇员中招募。然而，令专家们大为惊奇的是，统计数据显示，无论陪审团由哪些人构成，他们做出的表决总是相同的。那些法官自身，尽管对陪审团制度充满敌意，也不得不承认这种说法的准确性。针对这个问题，前任重罪法院审判长贝拉·德格拉热先生在他的《回忆录》中写道：

　　　　今天，陪审团的选择权实际上掌握在市政议员的手中，这些人从自己的意愿出发，根据他们所固有的政治或者选举需要考虑，把人列入名单或从中剔除。当选者中的大多数是不那么重要的商人，以他们的地位在过去根本不能当选，还有某些政府部门的雇员……所有的意见和职业在陪审员这个角色身上合而为一，很多人都有着新手般的热忱，这些意愿最强的人在最谦卑的情形下相遇，陪审团的精神并没有改变：他们的表决还是一样的。

对于我适才援引的这段话，我们应该记住的是它那正确的结论，而不是这段话里单薄的解释。对这些单薄的解释，我们不必太过惊讶，因为在绝大多数时候，律师们似乎与法官们一样，对群体心理一窍不通，因而对陪审团也不甚了解。我从刚刚提到那位作者提及的事实中，还找到了这样一个相关的证据：重罪法院最有名的律师之一，拉绍律师，曾系统地运用自己的否决权，让所有的聪明人都不能加入陪审团。然而，经验——唯有经验才能让人最终明白这种否决权其实毫无用处。经验证明，至少在巴黎地区，现今的公诉人和律师们，已经完全放弃否决权了。正如德格拉热先生注意到的那样，这并不影响陪审团的表决，这些表决"说不上更好，也谈不上更坏"。

陪审团和所有的群体一样，很容易被情感所打动，但对推理几乎无动于衷。有位律师写道："见到一位尚在哺乳期的夫人，或是成群结队的孤儿，他们完全无法自持。""一位妇人若是讨人喜欢，"德格拉热先生说，"她就能获得陪审团的同情。"

陪审员们对那些可能威胁到自身的犯罪行为毫不留情。当然，这些犯罪行为的确对社会危害最大。不过与此相反，陪审们对那些所谓情有可原的犯罪行为却相当宽容。他们很少严惩杀婴的未婚妈妈，或是向诱奸者泼硫酸的被弃少女。因为他们本能地觉得，这些犯罪行为对社会危害不大，他们甚至觉得在一个法律无法保护被弃少女的国度里，这类复仇的犯罪行为反而利大于弊，因为它们能提前威慑那些潜在的诱奸者。①

陪审团和所有的群体一样，深受威望影响。德格拉热审判长曾公允地指出，尽管陪审团的构成十分民主，但是他们在好恶方面却相当具有贵族气派。"头衔、出身、丰厚身家、名声、大律师的协助等，这些能让人脱颖而出的事物，这些能给人增光添彩的东西，都将会是被告人手中十分重要的助力。"像对待所有的群体那样，律师们要多在陪审员们的情感上下功夫，不要在说理上费口舌。即便说理，也只用简单易懂的推理方式。以上这些，正是每一位优秀律师应当花心思的地方。一位因在重罪法院上屡屡胜诉而名声赫赫的英国大律师，很好地总结了"下功夫"的方式：

> 在辩护过程中，他仔细地观察陪审团。这是对他有利的时刻。洞察力和经验能让他解读陪审员们的神态，分析出每一句话、每一个词所起的效果，并从中得出自己的结论。他首先得找出哪些陪审员赞同他的辩护理由。他瞬间就能确定

---

① 顺带一提，陪审员极其本能地把犯罪行为划分为危害社会和非危害社会两类，也并非有失公正。刑事法律的目的毫无疑问是保护社会免受犯罪分子的危害，而非报复这个社会。然而我们的法典，尤其是在我们法官的头脑里，依旧全然沉浸于原始法律的复仇精神里，像"vindicate"一词（"公诉"，源自拉丁语的"vindicta"，"复仇"之意。）仍在日常生活中使用。法官中的很多人拒绝采用仁慈的贝朗热法——该法律允许被定罪者不必服刑，除非再度犯罪——就证明了这种倾向。然而，有鉴于已经获得了统计数据的证明，所有的法官都无法否认，第一次刑罚的施行，几乎必然导致再犯。当陪审员们轻饶一个有罪之人时，他们总会觉得没有为这个社会"复仇"。和放弃"复仇"相比，他们倒宁愿创造一个危险的惯犯。

出这些人。随后，他要对付那些看上去仍然不怀好意的反对者。他得想尽办法猜测出他们为何要与他的被告人作对。这是这项工作中的微妙环节。因为除了正义感，还可以有不计其数的理由能将一个人定罪。

寥寥数语，却很好地总结了辩护的宗旨，并向我们展示了为何事先准备的演讲稿往往毫无用处。因为我们必须根据听众的回馈，即兴更改措辞。

辩护人并不需要说服陪审团里的所有成员，他仅需争取到那些能决定主流意见的领袖人物。一如所有群体，陪审团中也有少数人能支配其他人。"我的经验是，"这位我在上文提到的律师说道，"在做表决的时候，一两位有分量的人就能引领陪审团剩下的所有成员。"需要通过灵活的心理暗示来攻克的，正是这两三位人士。当务之急就是要取悦他们。群体中的人若是被取悦，差不多也就等同于被说服，此时向他呈送的一切辩解，他都会甘之若饴。我在有关拉绍的研究中，发现了以下一则趣闻：

> 大家都知道，拉绍在做重罪辩护的全程中，都会紧紧盯着陪审团中那两三个他知道，或者他觉得很有影响但又顽固的陪审员。一般情况下，他到最后总能搞定他们。然而有一次在外省，从他陈词开始，足足45分钟过去了，他发现自己始终没法子说服陪审团中最顽固的那个人。他是第七陪审员，坐在第二排第一个位子。这真让人灰心丧气！突然，在一次激昂的论辩中，拉绍停了下来，对重罪法院的审判长说："审

判长阁下，能否请您令人拉一下窗帘？坐在对面的第七陪审员眼睛都快被阳光刺瞎了。"第七陪审员脸一红，微微一笑，向他致以谢意。这位陪审员就这样被辩方拿下了。

最近有好几位作家激烈地反对陪审团制度，这其中不乏才华出众之辈。然而面对一群不受控制的人①频繁犯下的错误，也只有这种制度能让我们免受其害。有些作家主张只从受过教育的阶层中招募陪审员；然而我们早已证明，即便如此，陪审团届时所做出的表决也不会与当前的有所不同。另一些作家，基于陪审员们所犯的错误，想着撤下陪审员，并用法官取而代之。可是，这些陪审员们所犯下的饱受指责的错误，往往首先出自法官之手。因为被告人出现在陪审团面前之前，就已经被数位法官认定有罪，其中包括预审法官、共和国的公诉人以及起诉庭。这些作家们怎么能够忘记这一点！如果被告最终由法官而非陪审员们定罪，他也就失去了重获清白的唯一机会。这些作家们难道对这一点视而不见吗？陪审员们所犯之错，首先往往是法官们的过失。

---

① 实际上法官是唯一一个其所作所为不受任何控制的行政职位。尽管历经数次革命，英国人引以为傲的《人身保护法》（Habeas Corpus）所赋予的权利，民主的法国仍未享有。我们虽然消灭了所有的专制君主，却在每一座城市都任命了一名法官，他随心所欲地支配着公民们的荣誉和自由。区区一名刚从法学院毕业的预审法官，就拥有令人愤慨的权力。他不需要向任何人解释什么，单方面凭着简单的有罪设想，就能把最有影响力的公民送进监狱。他可以拿预审作为借口，把他们关上半年甚至一年，释放他们时不必赔偿致歉。在法国，司法许可证等同于国王敕令。两者的不同之处在于，后者只有非常显赫之人才有机会接触，而旧的君主制度已受到了公正的抨击；前者如今掌握在整个公民阶层的手中，而这些人远非最开明、最独立之人。

倘若我们见到一些异乎寻常的司法错误，最应受到指责的就是预审法官，例如对 X 医生的判决就是这样。某个愚蠢透顶的预审法官，仅凭一个半痴呆姑娘的证词，就定了他的罪。这个姑娘声称这位医生为了 30 法郎就帮她堕胎。如果不是惹了众怒，迫使最高法院院长特赦了 X 医生，他早就锒铛入狱了。公民们一致声明这位犯人德高望重，这让预审法官所犯下的错误昭然若揭。法官们对此心知肚明，然而身份使然，他们竭尽所能地阻挠特赦令的签署。在所有充满着让人无法理解的专业细节的同类案件中，陪审员自然会聆听公诉人的意见，觉得整个案子早已被对所有细枝末节都了然于心的法官们调查完毕。谁才是这些错误真正的始作俑者？是陪审员，还是法官？好好维护陪审团吧！它也许是唯一不能被个人所取代的群体类型。只有它才能够缓和法律的严酷之处。法律面前人人平等，它在原则上必须是无条件的，并且没有特殊情况一说。铁面无私的法官只认律法条文，在专业上严酷无情，他会对杀人越货者和因被诱奸者抛弃而杀婴的可怜女孩，施以同样的刑罚。然而陪审团会本能地认为，比起那个能逃脱法律制裁的诱奸者，这个被引诱的女孩要无辜得多，她因而值得陪审团宽容以待。

　　充分了解等级群体的心理以及其他类型的群体心理后，面对一宗被错误控诉的罪行，我再也不认为我应该与法官而非陪审员打交道了。在陪审员面前，我好歹还有重获清白的机会，但在法官面前这种机会就微乎其微了。群体的力量令人生畏，然而更为恐怖的力量是某些等级的权力。群体或许还有可能被说服，而后者则永不退步。

第四章　选民群体

选民群体的普遍特征／如何说服选民／候选人必须具备的素质／威望的必要性／为何工人和农民很少选择来自他们中间的候选人／能影响选民的词汇和用语／竞选讨论的一般面貌／选民意见的形成／委员会的权力／委员会代表了最可怕的专制形式／法国大革命时期的革命委员会／尽管在心理学上的价值微弱，但是还没有制度能替代普选／虽然我们把选举权限定在某些公民阶层中，为何还是无法改变选举结果？／普选在每一个国家的表现

选民群体，即一群被召集起来选举某些公职人员的集体，其构成属于异质群体；然而，由于这个群体的行动指向单一而明确——在不同的候选者之间做出选择，所以我们只能够在这类群体身上见到一部分之前描述过的群体特征。

这类群体身上最显著的特点就是推理能力低下、缺乏批判

精神、易怒及头脑简单。在他们的决定中，我们可以发现群体领袖的影响，以及我们之前所提及的那些因素的作用，如肯定、重复、威望和感染。

现在，我们要研究如何才能吸引选民群体。他们的心理活动已经很清晰地演示了哪种方法才是最有效的。

一个候选者首先要具备的条件就是威望。个人威望只能被财富所取代。即便是才华和天赋，都不是成功的必备要素。

候选者必须具有威望，即让人信服，不受非议，这一点至关重要。如果选民主要是由工人和农民所组成的话，他们很少会在他们自己中间选出一个代表人，因为与其出身一致的人无法在他们面前树立威望。若他们偶尔选择了与他们同等之人，那往往也是出于一些无关紧要的考虑，例如为了抵制某位名人、某位选民们每天都不得不依附的强大工厂主。他们希望借此来获得翻身做主的短暂幻觉。

然而就算有威望，也不能保证候选者一定能当选。选民很希望有人能迎合他们的贪婪与虚伪；候选人必须尽其所能地阿谀奉承，并毫不犹豫地许下最不切实际的承诺。如果对方是工人，就尽情辱骂和谴责他们的工厂主吧。至于竞争对手，就得通过肯定、重复和感染的方法，费尽心思去中伤对方，把对方贬得猪狗不如，让每一个人都无法忽略他所犯下的累累罪行。当然，求助于任何一项勉强算是证据的东西都是毫无用处的。如果对手对群体心理学知之甚少的话，他就会试图用论证的方式证明自己无罪，而不是只采用他的信誓旦旦，来回应这些言之凿凿——只要这么做，他获选的机会终将为零。

候选人写成文字的方案万万不可断然绝对，因为稍后他很可能会受到竞争对手的反驳；但是他口头的方案却不可不走极端。候选人要毫无畏惧地许诺将进行最彻底的改革。此时，这些夸大其词收效甚广，但日后却与他毫不相关。其实，尽管当选者之所以当选，正是因为他那些公开保证，受尽了欢呼拥戴，选民却从不关心当选者究竟会履约几成几分。这正是选举的常态。

在此，我们再次看到了说服力的所有要素，这些我们在前文已有所描述。在词汇和用语——这两者我们在前文也已展示过它们的强大影响——所发挥的作用中，我们还将看到这些要素。演说家若能驾驭这些说服手段，就能够随心所欲地驱使群体。像"资本可耻、剥削者卑鄙、工人可敬、财富社会化"等说法，尽管已经有些陈词滥调了，却屡试不爽。然而，候选人若能找到一个新的用语，尽管它语焉不详，但能以此来回应最五花八门的诉求，他也毫无疑问能够当选。有些词语具有魔力，它们含义复杂，每一个人都可以用自己的方式加以诠释，而1873年西班牙的那场流血革命，正是由这样一个词语所造成的。当代的一个作家讲述了这一革命术语的诞生始末。他的叙述值得我在此加以引述：

> 激进派发现中央集权下的共和政体，其实就是一个经过一番伪装的君主制国家。为了取悦他们，西班牙议会一致投票宣布成立"联邦共和国"，可这些投票者中却没有一个人能说明白，他们究竟为什么投票。但是这一用语让所有人高兴，每个人都欣喜若狂，如痴如醉。美德和幸福的王国正在

这片土地上开创。一位共和主义者，若是被他的敌人拒绝授予联邦主义者的头衔，他会被激怒，视其为不共戴天的羞辱。人们在街头巷尾如是攀谈："共和国万岁！"说完之后，便为军人的无纪律和自治高唱赞歌。"联邦共和国"究竟为何物？有人以为是各省的解放，是一种和美利坚合众国相似的制度，或者是一种去中央集权的管理制度，另一些人则认定是取消所有的自治，即将开启接下来的社会大清算。巴塞罗那和安达卢西亚的社会主义者则声称是公社的绝对统治，他们计划把西班牙划分为1万个独立的自治市，这些自治市只接受自己的法律，并同时取缔军队和警察系统。不久之后，在南部各省，人们眼见着暴乱一个村连着另一个村、一座城连着另一座地蔓延。一旦有地方起事，它首先考虑的事情，就是摧毁电报和铁路系统，以此来切断自己和其他所有邻近地区以及马德里的联系。没有一个市镇会因为各自为政而变得大逆不道。联邦主义让位于残酷、杀戮、富有煽动性的省市自治运动，到处都是血腥的狂欢。

至于推理会对选民头脑带来哪些影响，如果不想在这个问题上先入为主，就千万不要翻看选民大会的记录。人们在选民大会上交换誓言，或是互相谩骂，有时还会打起来，可就是不会理性地交流。如果有一瞬间鸦雀无声的话，那也是因为某位难缠的与会者，宣称自己要向候选人提一个会让他尴尬的问题，这正是所有观众喜闻乐见的。但是反对者的心满意足并不会持续很长时间，因为抢先发言者的声音很快就会淹没在对手们的尖叫中。下面，我将择取日报上的一些段落——与它们大同小异的报道数以百计，来作为公共会议的示例：

> 一名组织者请求与会者选出一名主席，这立马掀起了一场骚乱。无政府主义者跳上了讲台，想要搬走会议桌。社会主义者全力反抗，与会者扭打在一起，互相指责对方是奸细、叛徒……一名公民捂着被打青的眼睛，从会场撤离。
>
> 最终，会议总算在一片混乱中各就各位。X 同志得以留在台上发言。
>
> 这位演讲者开始大肆抨击社会主义者。而后者通过叫骂"傻瓜！强盗！流氓！"等来打断他。这些话都被 X 同志用一个理论报告反击回去，根据他的那种理论，社会主义者才是些"蠢货"和"跳梁小丑"。
>
> ……昨晚，阿勒曼主义者[①]在郊区圣殿大街的商业厅举办了五一劳动节的筹备大会。会议的口号是"冷静"和"安静"。
>
> G 同志把社会主义者看作"蠢货"和"滑头"。
>
> 演讲者和听众因为这些话语互相咒骂，甚至大打出手；板凳桌椅齐飞……
>
> ……

[①] 此处的阿勒曼应该是指法国社会主义理论家、社会活动家、政治家让·阿勒曼（Jean Allemane，1843—1935）。他是工团主义的先驱，主张在工团（工会）的组织、领导下，通过罢工、破坏或占领工厂等形式的斗争，来对抗、推翻资本主义。——译者注

千万不要以为这种论争方式只会发生在某个特定阶层的选民中,并取决于他们的社会地位。在所有匿名的集会里,无论它是哪种集会,哪怕与会者都受过高等教育,集会的讨论也会很容易就以同样的方式进行。我说过群体中的人在智力上有着同等化的倾向,这方面的证据我们随时都能找到。例如,以下这一段报告选摘自报纸,它报道了一场清一色由学生出席的集会:

夜色越来越浓,嘈杂声也越来越大,我觉得没有哪一个演讲者可以不被打扰地讲完两句话。尖叫声此起彼伏,或者干脆叫成一片;有人鼓掌,有人喝倒彩;各方听众吵得不可开交,手杖乱挥,气势汹汹;有人一下下地敲着地面;叫喊声见缝插针:"快下去!""快上台!"

C先生……这个开口闭口离不了可憎、懦弱、骇人听闻、卑贱、见利忘义、睚眦必报等形容词的人,竟然宣布要打破它们……

……

我们也许会思考,在这样的情形下,如何才能形成选民的意见?然而,提出这样一个问题,本身就是对集体所享有的自由尺度抱有奇怪的幻想。群体有的只是别人强加给他的想法,他们从未有过自己理性思考得来的想法。在这样的情况下,选民的想法及选票掌握在选举委员会的手中,而委员会的领袖通常是一些酒商,他们对工人的影响甚大,因为工人们要向他们赊账。

民主制度最骁勇的捍卫者之一谢勒先生写道:"你们是否知

道选举委员会为何物？简而言之，它就是我们制度的关键，政治机器的杰作。今天，法国就受着选举委员会的控制。"①因此，如果候选人受人欢迎，财力又够雄厚，要对选民施加影响就并非难事。据资助人证实，300万法郎就足以保证布朗热将军再次获选。

选民群体的心理就是这样。它和其他群体的心理如出一辙。没有更好，也没有更糟。

我并不会从以上这些论述中得出一个反对普选的结论。如果非得让我决定它的命运，基于一些实际的原因，我会保留它。这些原因我在前文群体心理的研究中已有所阐述，我接下来还将进一步予以揭示。

无可否认，普选的缺陷显而易见。我们得承认，文明是一小部分精英的杰作。这些精英是金字塔的塔尖，而随着塔身的逐层扩大，其所代表的民族最深层的智力水平则不断降低。一个文明的伟大之处，当然不能由只反映出人数的下层选举确定。毫无疑问，群体的选举通常相当危险。这样的选举已好几次让我们付出惨遭侵略的代价了。

虽说这些谬见在理论上可谓不堪一击，然而只要回想起思想转变为信条后所具有的所向披靡之力，那些在理论上精彩万分

---

① 无论何种名号的委员会，俱乐部也好，工会也好，它们很可能都构成了最可怕、最危险的群体力量。实际上它们所体现的形式是最非个人的，因此也是最压迫人的专制形式。委员会的领袖因被视作以集体的名义发言和行动，不必承担任何责任，可以为所欲为。最专制的暴君也从不敢幻想大革命委员所下达的剥夺权。巴拉斯就曾宣布，他们要在国民公会里大开杀戒，随心所欲地处置议员。罗伯斯庇尔只要还能以这些委员会的名义发言，便是绝对的主人。当有一天这个可怕的独裁者因为自大与委员会一拍两散时，他也就失去了权力。群体的统治就是委员会的统治，亦即委员会领袖的统治。我们难以想象还有比这更严酷的暴政。

的反对意见,在实践中就失去了所有的力量。从哲学角度看,群体专政的信条,就像中世纪的宗教信条一样站不住脚,如今却有着绝对的权力。它就像我们从前的宗教思想,无懈可击。设想一位现代的自由思想家被法术送回中世纪,当他目睹了当时盛行的宗教思想的至上之力量,你还会相信他会与之抗衡吗?当他落入法官之手,而法官欲以他曾与魔鬼勾结,或曾赴女巫的群魔会为罪名,要对他处以火刑,他还会想着争辩魔鬼或女巫是否真实存在吗?我们不会与群体信仰抗辩,就如同我们不会同飓风争吵一样。如今,普选的信条有着与过去的基督教信条一样的力量。演说家和作家们一说起它,就语带连路易十四都未曾享有过的敬畏和谄媚。因此,对待它必须像对待所有的宗教信条一样。唯有时间能影响到它。

此外,如果信条浅显易懂,要动摇它就会变得更加徒劳。托克维尔所言甚是:"在人人平等的时代,人与人之间彼此互不信任,因为他们彼此相似;然而,也正是这种相似性让他们对公众的判断抱有无尽的信任;因为在他们看来,既然大家的智识水平相当,那么真理没理由不掌握在大多数人的手中。"

现在,我们是否可以假设,如果可以限制选举权——例如把选举权限制在能者之中,这样就能改善群体的投票结果呢?我从来不这样认为,因为我之前已经说过,所有的群体在智识水平上都是低下的,而不管该群体是由何人组成。人一旦组成了群体,就同等化了。在一般性问题上,40名院士的投票并不会比40名挑水工高明。我也绝不相信,普选形式下备受谴责的投票,如帝国的复辟,把选民全部换成学者或文人会有什么不同。一个人并不会因为他通晓希腊文或数学，或者因为他是建筑师、兽医、医生或者律师，就对社会问题有更为清晰的见解。我们所有的经济学家都受过教育，他们中大部分人是教授或院士，然而他们何曾就任何一个普遍性的问题，如贸易保护主义、复本位制等，达成过共识吗？这是因为他们的学识水平，也只是比一无所知好上那么一点点。在数不胜数的未知社会问题面前，所有人都是一样的无知。

因此，即使这些满腹学识的人自己组成一个选民群体，他们的投票结果也不会比今天的选民团体更好。他们主要就是受自己的情感以及党派精神的指引。我们目前的困难丝毫未减，我们肯定还将遭遇沉重的等级压迫。

无论是限制性选举还是普选，无论施行于共和制还是君主制国家，无论是在西班牙、法国、比利时、希腊还是葡萄牙，任何一个地方的群体选举都大同小异，它通常诠释了一个族群无意识的需求和憧憬。每一个国家当选者的平均水准，都反映了族群的普遍本质。它们在一代又一代人的身上几乎一成不变。

如此一来，我们又回到对"族群"的基本认识上。我们曾多次遇到它，并在它的基础上，延伸出另一个基本的认识：制度和政府在人们的生活中只起无足轻重的作用。人们的生活主要受族群本质的影响，即先人留下来的东西的影响。而族群的本质就是这些东西的总体。族群与错综复杂、无法摆脱的日常所需，是主宰我们命运的神秘之主。

第五章　议会群体

　　议会群体表现出非匿名的异质群体的大部分普遍特征 / 想法的简单化 / 暗示感受性以及暗示感受性的局限 / 固化的想法和可变的想法 / 为什么犹疑不决是常态 / 领袖的作用 / 他们威望的合理性 / 他们是议会群体的真正主宰，议会群体的选票因而只能代表少数人 / 他们行使绝对的权力 / 他们演讲艺术的要素 / 词汇和形象 / 从心理学角度分析，深得人心与头脑狭隘对领袖的必要性 / 没有威望的演讲者无法说服人 / 在议会中，情绪无论好坏，都会被夸大 / 这些情绪在某些时刻的自发性 / 国民公会的召开 / 议会失去群体特征的实例 / 专家在技术问题上的作用 / 议会制度对每一个国家的益处和危害 / 它适应了现代所需，但也导致财力的浪费，并日益限制各种自由 / 本书结论议会群体代表了大部分非匿名的异质群体。尽管不同时代、不同民族的议员选举方式各有不同，这些议会都有着非常相似的特征。族群对议会亦施加影响，这种影响有时减弱，有时又放大了议会群体的种种特征，却从不会妨碍它们的显现。即使是地区差异最大的议会群体，如希腊、意大利、西班牙、葡萄牙、法国与美国的议会群体，它们在辩论与投票上也都体现了极高的一致性，并且都让政府陷入相同的困境。

此外，议会制度代表了每一个现代文明民族的理想。它反映了一种在心理学上站不住脚但通常又能被接受的思想，即面对一个既定的议题，聚在一起的人越多就越能做出独立和明智的决策。

我们在议会群体身上依旧可以看到群体的一般特征：想法的简单化、易怒、易受暗示、情绪夸大以及领袖的绝对影响。然而，因其特殊的构成，议会也会有一些不同的特征，我很快将揭晓这些。

想法的简单化是议会群体最重要的特征之一。我们在每一个党派那里都能看到这一点，而在拉丁民族身上则尤为明显。因此无论哪一个民族的哪一个党派，都有用最简单的抽象原则、放之四海而皆准的普遍规律，来解决最为复杂的社会问题的不变倾向。当然，具体的原则自然会因党派不同而各有差异。然而，仅仅因为身处群体这一事实，个体就总是倾向于夸大这些原则的价值，并要把它们一以贯之。因此，议会所主要代表的，就是一些极端的想法。

法国大革命时期的雅各宾派可谓想法简单化的最佳范例。他们极其教条，满脑子"逻辑"，全是模糊的概述，他们一心要践行这些死板的原则，根本不关心具体事态。有人说雅各宾派历经整个大革命，却对这场革命视而不见。这种说法不无道理。凭借那些被当作指引的极其简单的教条，雅各宾派幻想自己可以彻底重建社会，并把高雅的文明带回社会进化前极其远古的阶段。他们用来实现自己梦想的手段因而也染上极度简单化的色彩。实际上，他们只是在用暴力摧毁一切阻碍他们的人或事。而且，诸如吉伦特派、山岳派、热月党人以及所有其他的议会群体，也都受着同一种精神的鼓舞。

议会群体非常容易受暗示。而且，一如所有的群体，暗示来自具有威望的领袖。不过，有一点必须指出：暗示的感受性在议会群体中有着非常清晰的范围。

在所有涉及地方或地区利益的问题上，每一名议员的想法都是牢固而不可撼动的，并且不被任何论证所动摇。凭狄摩西尼[①]的天资，亦无法改变一名议员在贸易保护主义或酿酒特权等问题上的投票，因为这类问题事关有影响力的选民们的切身诉求。这些选民之前所受到的暗示，足以让其他所有暗示统统失效，并维持他们原有想法的绝对稳固。[②]

---

① 狄摩西尼（Démosthène，公元前384—前322），又译为德摩斯梯尼。古希腊政治家、演讲家。传说他为纠正自己的口吃和口齿不清，口含小石子苦练演讲。——译者注

② 一名年迈的英国议员的反思，无疑很好地说明了这种由选举需要而事先确定的想法，有多么难以动摇："我在威斯敏斯特宫（即英国议会所在地。——译者注）拥有席位长达50年，听过上千场演讲；然而它们中能改变我想法的屈指可数；也从未有过一场演讲改变了我的选票。"

至于一些一般性的问题，如某届内阁的倒台、某种新税的征收等，议员们则根本不会有任何固定的想法。领袖的暗示可以起到作用，但也并不完全像是在一个普通群体里那样发挥影响。每个政党都有自己的领袖，他们的影响力有时旗鼓相当。结果，一名议员会发现自己处于某些截然相反的暗示中，注定会变得犹疑不决。这也就是为什么我们常常会见到，前后不到一刻钟的时间里，议会就能投出相反的票，或是给一部法案加上一条破坏性的条款。例如，先是取消工厂主聘用和解雇工人的权力，接着却又用一项修正案将此几乎全部废除。

这也是为什么在每一届议会上，既会有些十分坚定的想法，还会有些非常犹疑的想法。总的说来，一般性的问题数量最多，所以犹豫不决占据了上风。而他们之所以犹疑不决，是因为他们一直都对选民心存忧虑——来自这些选民的潜在的暗示，总是趋向于抵消领袖的影响。

不过，在许许多多的辩论中，议员们并没有先入为主的顽固意见，领袖最终还是会成为真正的主宰。

这些领袖的必要性显而易见。他们以群体领袖的名义，现身于每一个国家的议会中。他们是议会的真正统治者。没有了这些主宰，群体中的人将会手足无措。因此，议会的投票通常只能代表一小部分人的想法。

领袖的推理起效甚微，而他们的威望却效果显著。最能证明这一点的是，一旦某个情境中他们失去了自己的威望，他们就不再有影响力了。

领袖的这种威望只是个人的，与他的头衔和声名无关。朱尔·西蒙在谈到 1848 年国民议会（他自己亦有出席）的大人物时，为我们提供了一些非常有趣的例子：

路易·波拿巴在两个月前还无所不能，现在却变得一文不值。

维克多·雨果走上了讲台，但他没能成功。大家就像听费利克斯·皮阿①发言一样听他演讲，没有多少人为他鼓掌。"我不喜欢他的见解，"沃拉贝勒②和我谈到皮阿时说，"但他是最伟大的作家之一，也是法国最伟大的演讲家。"像埃德加·基内③这样难得一遇且有影响力的智者，在议员们眼里却啥也不是。在议会开幕之前，他有过一段出名的日子。但在议会里，他却是默默无闻。

政治集会是这个地球上才华最无用的地方。人们在这里只关心合乎时间地点、服务于党派却非奉献于国家的口才。想要向 1848 年的拉马丁④和 1871 年的梯也尔⑤看齐，就必须

----

① 皮阿（Félix Pyat, 1810—1889），法国记者、剧作家、政治家，曾参加过巴黎公社。——译者注

② 可能是指阿希尔·特耶纳·德沃拉贝勒（Achille Tenaille de Vaulabelle, 1799—1889），法国记者、政治家。其弟为埃莱奥诺尔·特耶纳·德沃拉贝勒（Éléonore Tenaille de Vaulabelle, 1801—1859），法国作家、剧作家。——译者注

③ 基内（Edgar Quinet, 1803—1875），法国历史学家、思想家，他反对教权主义，呼吁政教分离。——译者注

④ 拉马丁（Alphonse de Lamartine, 1790—1869），法国浪漫主义诗人，历史学家。1848 革命后参加临时政府，任外交部部长。著有《沉思集》《新沉思集》《诗与宗教的和谐》《致艾尔薇拉》《吉伦特派的历史》等。——译者注

⑤ 梯也尔（Adolphe Thiers, 1797—1877），法国历史学家，政治家，于 1871—1873 年任法国总统。著有《法国革命史》《执政府和第一帝国时代的历史》等。——译者注

动用眼前的利益作为刺激。危机过去的同时，人们也就忘记了感激和畏惧。

我在此引述以上的段落，是因为它所包含的事实，而不是因为它提供的解释。

这些话在心理学上乏善可陈。一个群体一旦效忠于领袖，无论他们的献身是为了国家还是为党派，这个群体都会立刻失去它的特征。服从于领袖的群体臣服于领袖的威望，其中并不掺杂任何感激之情或功利之心。

正因如此，拥有了足够威望的领袖，也就拥有了绝对的权力。我们知道有一位知名的议员，他在某些金融事件后，在最近的几场竞选中落选。而得益于他的威望，他在此前的多年时间里影响深远。他简单的一个手势，就能让内阁倒台。有位作家用以下几行文字，清晰地描绘了这位议员言行的影响有多大。

> 我们不得不以高于实际价值 3 倍的价格买下东京①，在马达加斯加立足未稳、前途未卜，将整个南尼日尔帝国拱手相让，丢失了在埃及的绝对优势，这些大都拜这位 X 先生所赐。我们在 X 先生的理论上所付出的领土代价，比拿破仑一世带来的灾难还要惨痛。

---

① 这里的东京（Tonkin）为越南城市河内的旧称。法国人控制越南北方后，用这个名字称呼整个越南北方地区。——译者注

我们不必就此埋怨这位有问题的领袖。他的确让我们付出了惨痛的代价；然而他大部分的影响力，依赖于他对公众意见的言听计从。那时公众对殖民地的看法，与今日截然不同。很少有领袖能够凌驾于民意之上；他几乎总满足于追随民意，并对所有的错误照单全收。

除了威望，领袖的说服手段还包括我们之前多次列举的因素。为了灵活操纵这些手段，领袖必须懂得如何走进群体的内心——至少以一种无意识的方式，并知道如何与群体对话。他尤其要理解形象、词汇以及用语所具有的蛊惑人心的力量。他还要口才了得：哪怕无凭无据，也要言之凿凿；笼统说教为辅，鲜活形象为主。我们在每一场议会中都领略了这种口才，就连所有议会中最沉稳的英国议会也不例外。

英国哲学家梅因[①]说过："我们一次又一次地看到，下议院的整场辩论无非就是暴怒的大人物们说着些无力的大话斗嘴。这种辩论形式的普及，对纯粹民主的想象影响深远。它让群体总是轻易地就接受了那些靠夺人眼球的术语来呈现的一般性论断，而不管这些论断其实从未经过检验，并且也很可能根本经不起检验。"

引文中所指的"夺人眼球的术语"的重要性，一点也不夸张。我们已经多次强调词汇和用语的特殊力量。领袖必须小心翼翼地甄选它们，以此来激活鲜活的形象。接下来的这段话摘自我们议会中某位领袖的演讲，它是此方面的一个绝佳范本：

---

① 梅因（Henry Maine，1822—1888），英国历史学家，因其著作《古代法》而被公认为英国历史法学的奠基人。——译者注

群体总是轻易地就接受了那些靠夺人眼球的术语来呈现的一般性论断,而不管这些论断其实从未经过检验,并且也很可能根本经不起检验。(图为梅因)

某一天，同一艘船把刁滑的政客和罔顾法纪的杀人犯运往同一片狂热的流放之地，这些人将会促膝长谈，视彼此为同一社会秩序下互帮互助的双方。

以此种方式唤醒的形象可谓栩栩如生、近在眼前，连演讲者的所有反对者都感到自己受到了威胁。他们甚至还望见那片狂热的土地，那艘要把他们带走的轮船，因为他们自己不就是恶迹斑斑、担惊受怕的政客中的一员吗？于是他们体验了一把不可言说的恐惧，就像国民公会的成员，面对罗伯斯庇尔多多少少以断头台相威胁的语焉不详的演讲，战战兢兢，总会向他让步。

领袖们倾尽全力地夸大其词，每每能带给他们收益。我刚才引述的那段话的演讲者，大可以不遭激烈辩驳地断言：银行家和神父豢养了投弹者；大型金融机构的管理人员和无政府主义者一样罪有应得。这类断言在群体中屡试不爽。断言从不嫌粗暴，声明也从不怕带着威胁。没有什么比这类雄辩术更能恫吓听众了。因为他们担心如有异议，自己就会变成叛徒或同谋。

如我刚才所言，这类特殊的雄辩术在所有的集会中总是所向披靡；而到了紧要关头，它的气焰只会越发嚣张。就这点而言，阅读法国大革命期间大演讲家们的集会演讲词会相当有趣。每当他们觉得自己必须惩恶扬善时，他们就暂停一会儿；紧接着，他们会突然开口咒骂专制暴君，并誓言不自由毋宁死。听众闻言起身，疯狂鼓掌，然后平静下来，各回座位。

领袖有时也可以是有学识的；然而这对他往往弊大于利。一旦他展示出事务的复杂性，允许解释和领会，智慧往往会带来宽容，并削弱信念的强度和激进程度，而强烈激进的信念是每一个使徒必不可少的。每一个时代的伟大领袖，尤其是在法国大革命时期，其狭隘都令人扼腕叹息；可恰恰是那些头脑最狭隘的领袖，影响也最大。

在那些最负盛名的演讲词中，罗伯斯庇尔的演讲词常常因欠缺条理而让人目瞪口呆；光读这些演讲词，根本无法理解这位强大的独裁者，何以享有无边的影响力。

拉丁文化以及雄辩术教学中的陈词滥调和连篇废话，与其说是为平庸之辈效劳，不如说是致力于孩子气的头脑。它们似乎像小学生一样，只会在攻防中高呼："冲冲冲！"没有思想、没有技巧、没有特色，乏味得就好比在暴风雨之中。当人们结束这段令人沮丧的阅读后，会像可爱的德穆兰[①]一样，迫不及待地长舒一口气。

强大的信念与极端狭隘的头脑结合在一起，会赋予一位有威望者何等之力，想想都让人不寒而栗。然而，也只有满足了这些条件，一个人才能无视艰险，目标明确。群体会本能地在精力充沛、信仰坚定的人中，认出他们总是需要的主宰。

[①] 德穆兰（Camille Desmoulins，1760—1794），法国记者、政治家、革命家，著有《自由法国》，后被送上断头台。——译者注

在议会的会议上，演讲的成功几乎只取决于演讲者的威望，而跟他的论证完全无关。在这方面最好的证据就是：一旦某个演讲者因某种原因威望尽失，他就会骤然失去他所有的影响力，即随心所欲地统领选民的力量。

当一名不知名的演讲者拿着一篇只有论据的演说词登台时，他完全不会有听众。前议员德屈布先生最近用以下这段话，描绘出一名没有威望的议员的形象：

> 他站上演讲台，从公文包中抽出一份文件，有条不紊地在自己面前摊开，胸有成竹地开始演讲。
>
> 他自以为能将鼓舞他的信念传递给听众。他一而再地强调他的论证，他总是满口数据；他确信自己的演讲有理有据。所有的抗争在他带来的证据面前都将是徒劳的。演讲一开始，他自信满满，坚信自己能吸引同僚们的关注。毫无疑问，在真理面前，他们唯有心悦诚服……
>
> 可他一开口，就立马震惊于大厅里的骚动，他对越来越吵闹的喧哗声感到恼怒。
>
> 为什么大家安静不下来？为什么大家都在走神？那些忙着交头接耳的人在想些什么呢？有什么事情那么要紧，非得时不时起身离座？
>
> 他额前愁云密布，于是他皱了皱眉，停了一会儿。在议长的鼓励下，他提高音量继续讲下去。听他讲话的人却更少了。他加重语气，激动不已。然而喧哗声已将他层层包围，他都听不到自己的声音了，他再次停了下来。然后，因

为担心自己的沉默会引来可怕的尖叫——"结束了！"——他不得不硬着头皮接着讲下去。喧哗之声终于变得让人无法忍受。

当议会攀到某个兴奋点时，它就与所有一般的异质群体如出一辙，因而他们的情感总呈现出爱走极端的特点。我们会发现，他们会表现出最伟大的英雄主义，也会犯下最残暴的恶行。个体再也不是个体本身，他是如此微不足道，以至于会为那些最有悖于自身利益的方案投票。

法国大革命的历史充分展示了议会如何变得无意识，并听从了那些与自身利益最相悖离的暗示。对贵族们而言，放弃自己的特权是一项巨大的牺牲。然而在国民公会那个著名的夜晚，贵族们毫不犹豫地这么做了。对国民公会的成员们而言，放弃自己神圣而不可侵犯的权利意味着挥之不去的死亡威胁，可他们还是这么做了，并且毫无畏惧、大批大批地自相残杀，但他们自己心知肚明，今日他们送同僚上的断头台，明日也许就是他们自己的归宿。

可他们已完全达到了我所描述的自发的程度，没有任何顾虑能阻止他们屈服于那些把他们催眠了的暗示。接下来这段话绝对堪称这方面的典范，它出自他们中的一人，俾约-瓦伦[①]的回忆。他说："我们那些备受谴责的决定，其实绝大部分在一两天前，都并非我们所愿。一切只因形势紧迫。"没有比这更正

[①] 俾约-瓦伦（Jacques Nicolas Billaud-Varenne，1756—1819），法国作家、律师，救国委员会委员。——译者注

确的言论了。

同样的自发性现象在国民公会每一场狂风暴雨般的会议中都有出现。泰纳先生说：

> 他们通过并颁布法令，这些法令连他们自己都厌恶。它们不仅愚昧、癫狂，而且罪恶——它们谋害了无辜者以及他们自己的亲友。在全体一致而最响亮的掌声中，左派联合右派，把天生的领袖、大革命的伟大发动者和导师丹东，送上了断头台；在全体一致而最热烈的掌声中，右派联合左派，投票通过了大革命政府最糟糕的法令。在全体一致而带着仰慕与激情的尖叫声中，在对德布瓦、库东、罗伯斯庇尔等人的狂热支持中，国民公会自发地一再改选，让沾满血腥的政府留在台上——这个政府，平原派恨它杀人如麻，山岳派恨它草菅人命。可无论是平原派还是山岳派，无论是少数派还是多数派，最后竟达成共识，帮着屠杀自己。牧月 22 日，国民公会全体成员引颈受戮；热月 8 日，在罗伯斯庇尔发表演讲后的一刻钟内，他们再一次伸出了自己的脖子。

这幅画面看似阴暗却准确。被充分调动和催眠的议会也会表现出同样的特征。他们变化无常，任凭冲动行事。以下这段关于 1848 年议会的描述非常具有代表性，它出自《文学评论》，描述人为斯布勒尔先生——我们不必质疑这位议员对民主制的信奉。在这段文字里，我们可以找到我所描述的关于群体的一切过激的情感及其极度的多变性——这让他们瞬间从一种情感转向另一种最为对立的情感。

  分歧、妒忌、猜疑，一会儿盲目地信任，一会儿又无节制地期待，共和党就这么走向了毁灭。在它身上，天真烂漫与疑神疑鬼并驾齐驱。没有法律意识、不知纪律为何物、无边的恐惧以及幻想，农民和孩童在这一点上莫不如此。他们的冷静与急躁不相伯仲。他们的野蛮与温顺不相上下。性格不成熟和教育缺失造就了这些特点。没有什么事情能让他们感到诧异；任何东西都能令他们惊慌失措。他们既瑟瑟发抖、胆小如鼠，又不屈不挠、英勇无畏。他们既可以赴汤蹈火，在所不辞，亦会风声鹤唳，草木皆兵。

  他们全然不知事务之间的关联和影响。他们时而灰心丧气，时而得意洋洋，很容易就惊慌失措，不是兴致太高就是过度消沉，从不知分寸。他们如流水般无常，形态千变万化，映射出七彩斑斓的颜色。我们还能期待他们建立一个什么样的政府基础呢？

  幸运的是，我们刚刚所描述的所有这些议会的特征，并非一直显现。议会只有在某些时刻才会成为一个群体。在大多数情况下，组成议会群体的个体保留着他们的个性。这就是为何议会能够制定出一些出色的专业法令。这些法令其实是由专家在安静的斗室内起草出来的。被公投的法令实际上是个人而非议会的作品。这些法令自然会是最优秀的法令。只有当它们不幸被一系列的修正案改变为集体性的作品，它们才变得一塌糊涂。群体的作品无论何时何地，总比不上孤立个体的作品。把议会群体从混乱不堪、经验匮乏的举措中拯救出来的是那些专家们。此时，专家也是暂时的领袖。议会不会影响他，他却能影响议会。

尽管运作起来困难重重，就自我管理，尤其是尽可能地摆脱个人独裁统治而言，议会仍旧是人类迄今为止发现的最佳方式。至少对哲学家、思想家、作家、艺术家和学者这些构成文明金字塔顶层的人来说，议会的确是理想的政府。

不过，事实上，他们只呈现出两种严峻的危害：一是不可避免的财政浪费；二是对个体自由的逐步限制。

第一种危害是由选民群体的需求与鼠目寸光所带来的必然结果。当一位议员提出一项表面上看来符合民主理念的方案，如承诺给每一位工人退休金，提高养路工人和小学教员的待遇等，其他议员尽管深知此项举措必将大大加重财政负担，并导致种种新税的产生，在暗示的影响下——害怕其他选民不满，不敢忽视他们的利益，他们也不敢驳回这项提案。他们不会在投票时犹疑不决。增加财政支出所酿成的苦果还遥遥无期，他们并不会尝到任何苦头，而一张否决票造成的后果，在他们第二天不得不面对选民时就会一清二楚。

除了第一个原因外，还有另一个不可避免的原因导致开支过度，即必须赞同每一项纯粹地方性利益的支出。议员无法反对这些支出，因为它们依旧代表了选民的诉求。每一名议员也只有对同僚们类似的要求做出让步，才能为自己的选区争取到经费。①

前文所提到的第二种危害，即议会必然会限制自由，它在表面上虽不那么显眼，却千真万确。这是由不计其数的法规所带来的后果。这些法规往往具有限制性，然而议会的目光极其短浅，他们看不清楚这些法规的后果，还自以为有必须投票的义务。

这种危害无可避免。因为就连英国也未能幸免，虽然它的议会制度无疑是最完善的，它的议员对选民的依赖程度也是最低的。斯宾塞在很早以前的一本著作中曾指出，表面自由的扩大，必然伴随着真正自由的减少。他在最新的著作《个人对抗政府》中再次讨论了这个问题。他如此评述英国的议会制度：

---

① 1895年4月6日《经济学家》上刊载了一篇有趣的文章，这篇文章揭示了一年中纯粹为竞选考虑而花费的开销。它们在铁路建设方面尤为突出：为了把朗盖耶（3000名居民）这座盘踞在高山上的小镇和普伊连接起来，议会表决通过，修建了一条耗费1500万法郎的铁路；连接博蒙（3500名居民）和萨拉金堡（1200名居民）的铁路耗费700万法郎；连接乌斯特村（523名居民）和塞村（1200名居民）的铁路耗费700万法郎；连接普拉德和奥莱特（717名居民）的铁路耗费600万法郎，等等。仅1895年一年，就累计表决通过了9000万法郎用于修建对全国而言没有丝毫用处的铁路。其他一些重要的竞选开支，其数目同样不容小觑。根据财政部长的说法，在不久的将来，退休工人补助金的法案每年至少耗费1.65亿法郎，而按照勒鲁瓦-博利厄院士（Pierre Paul Leroy-Beaulieu，1843—1916，法国经济学家。——译者注）的说法则高达8亿法郎。毫无疑问，此类开支的不断扩大必将导致财政破产。欧洲的许多国家，如葡萄牙、希腊、西班牙和土耳其等已落到了这步田地；其他国家很快也会步其后尘。不过我们倒也不必为此事忧虑过多，因为有好几个国家的公众，已陆续接受削减了4/5的息票（coupon，利息票券的一部分，附印于公债券、公司债券等上面，是附息债券定期支付固定利息的凭证。债券持有人可按期剪下，凭以支取利息。——译者注）支付，并未有大规模的反对声。这种巧妙的破产手段让出现赤字的财政预算瞬间又恢复平衡。此外，战争、社会主义和经济斗争也给我们带来不少别的灾难。我们已经迈入了一个整体瓦解的时代，不得不过一天算一天，别再去过于忧虑我们无法掌控的明天。

自这个时期开始，立法机构沿着我所指出的路径运行。快速膨胀的独裁政策不断倾向于限制个人自由，这体现在以下两个方面：每年制定的法律法规数量庞大，它们对公民以往完全自由的行为施以限制，而原本一些凭个人意愿可做可不做的事情，现在都成为必须履行的义务。与此同时，公共负担，尤其是地方上的公共负担，越发沉重。随着个人可自由支配收益份额的减少，以及从个人那里剥夺而来的，用于满足公共喜好的份额的增长，个人的自由进一步受到限制。

这种对自由的逐步限制，以一种斯宾塞未曾指出的独特形式，出现在每一个国家。具体如下：一系列的法律措施出台，它们数量庞大，通常都具有限制性；这势必会提高执法的公职人员的数量、权力以及影响；这些公职人员因此渐渐就有可能成为文明国家的真正主人；他们的权力变得更大，因为在永不停止的权力更迭中，公职人员是唯一不用担责、不具个性，且终身受雇的阶层。而在所有的独裁政权中，最专制者莫过于同时拥有以上3种特征。

限制性法律法规的不断出台，事无巨细地包围了日常生活的方方面面。这必然导致公民自由行动的领域日益收缩。他们被这样一种幻想所蒙蔽，迷信法律制定得越多，就越能保障自由和平等；而事实上，他们身上的枷锁一日沉过一日。

逆来顺受，终吞恶果。对所有枷锁都习以为常者，不久就会以自求枷锁而告终，并最终丧失全部的自发性、全部的活力。那时，他们不会反抗，无心无力，只是虚幻的影子，被动的木偶。

尽管个人已无法再在自己身上找到活力，他却必然会在身外寻找它。随着公民的日益冷漠、无能，政府的职能也不得不一再强化。政府必须拥有个人所没有的独创精神、实干精神以及指导精神。它们必须承担一切、统领一切、庇护一切。国家变成了一个全能的上帝。然而经验告诉我们，这样的上帝既不能长久，也并非无所不能。

在某些民族中，尽管表面上的许可造成了他们拥有自由的假象，但其实一切的自由正逐步受到限制。这既是这些民族日薄西山的结果，也是任何一个普通政权气息奄奄的结果。它是文明进入衰败期的先兆之一，这种衰败，到目前为止没有一种文明能够幸免于难。

如果以历史的教训以及全面爆发的预兆来判断，那么我们的好几个现代文明，已如风中残烛，行将就木。每一个民族看来都要经历这同样的命定之期，因为历史总在重蹈覆辙。

要简要地总结出这些文明发展的一般阶段并非难事，我也将以此来结束本书。

纵观我们之前的文明所历经的辉煌和衰落，我们会有何发现？

文明曙光乍现之时，来自不同地方的许多人，因迁徙、入侵和征服等偶然因素而汇聚在一起。这些留着不同血液的人讲着不同的语言，也有着不同的信仰，他们彼此间唯一的共同联系，就是未被某位首领完全认可的律法。在这些混杂的聚居区，我们能看到最为典型的群体心理特征：一时的凝聚力、英雄主义、脆弱、冲动以及暴力。他们身上没有任何一样稳定的东西。他们就是一群野蛮人。

接着时间完成了它的作品。环境的同一性、不断的通婚、共同生活的必要性,慢慢起效。由彼此间并不相似的个体组成的聚居区开始共融,并形成一个族群,即一个拥有被遗传不断强化的共同特征和情感的集合体。群体变成了一个民族,这个民族将有能力摆脱野蛮状态。

然而只有在经过漫长的努力、没完没了的反复斗争和不可胜数的从头开始后,只有当它获得某种理想之后,这个民族才能完全走出野蛮状态。这种理想的属性无关紧要。无论它是古罗马的崇拜、雅典的权力,抑或真主安拉的辉煌胜利,只要它能够给予形成中的族群中的所有个体,一种感情上和思想上的绝佳一致即可。

自此之后,一种新的文明随同它的制度、信仰和艺术一起得以诞生。在追求梦想的过程中,这个族群将会逐渐获得能够带来光荣、力量以及不朽的素质。它在某些时刻毫无疑问是一个群体,但在群体易变且变化着的特征背后,总能见到族群本质这一坚固的基础,它严格规定了一个民族变动的范围,并控制着偶然性。

然而在完成了那富有创造性的伟业后,时间启动了它的毁灭进程。神灵与众生都将难逃此劫。当文明的强盛和复杂性达到某个水平后,就会停滞不前,而一旦止步不前,它注定会立马走向衰败。文明的丧钟将被敲响。

这个无法避免的时刻,总是以维系族群本质的理想的衰弱为标志。随着理想变得苍白无力,所有以它为灵感的宗教、政治或社会结构都开始摇摇欲坠。

随着理想的逐步消逝，族群也越来越丧失那些让他们共融、团结和有力量的东西。个体的个性和智力能够得到增长；不过，与此同时，族群的集体利己主义将会被过度发展的个体利己主义所取代。随之而来的，是个性和行动能力的弱化。那些形成一个民族、一个统一体、一个整体的群体，最终会变成一群没有凝聚力的个体，他们在一段时间里继续被人为地维系在一起，也仅仅是因为传统和制度的缘故。

如此一来这些被个人利益和抱负分裂开来的个体，再也不知如何自治，即便是在最细枝末节的行动上，也会要求被人指导。于是，国家开始发挥引人注目的影响力。

随着古老理想的最终消亡，族群最终也失去了它全部的本质；它再也不是许多独立的个体，而是变回了它最初的样子——一个群体。它拥有一个群体的全部特征，这些特征短暂易变，既不稳固，也没有未来可言。此时的文明失去了稳定性，受各种偶然事件的摆布。贱民当道，野蛮人得志。这种文明也许看上去仍然光鲜亮丽，那只是因为由漫长的过去所缔造的外壳，然而实际上它已是一栋根基腐烂、摇摇欲坠的大厦，风雨一来就会立刻轰然倒塌。

通过追求梦想，民族由野蛮状态进入文明，接着，一旦这个梦想失去力量，它就开始衰落并消亡，这就是一个民族的生命循环。

译名对照表

（按汉语拼音首字母顺序排列）

A

阿尔维耶拉，欧仁·戈布莱·德埃及	Alviela, Eugène Goblet d'Égypte
埃拉伽巴路斯	Héliogabale
安达卢西亚	Andalousie
安东尼，马克	Antoine, Marc
盎格鲁-撒克逊	Anglo-Saxon
奥尔纳诺，菲利普·安托万·德	Ornano, Philippe Antoine d'
奥古斯都	Auguste
奥莱特	Olette
奥利维耶，埃米勒	Ollivier, Émile
奥热罗，皮埃尔	Augereau, Pierre
奥斯特拉西亚	Austrasie

B

巴拉斯，保罗	Barras, Paul
巴黎	Paris
巴拿马	Panama
巴塞罗那	Barcelone
贝勒-波拉号	Belle-Poule
俾约-瓦伦，雅克·尼古拉	Billaud-Varenne, Jacques Nicolas
毕希纳，路德维希	Büchner, Ludwig
波尔多	Bordeaux
波索号	Berceau
伯格诺，雅克·克洛德	Beugnot, Jacques Claude
博蒙	Beaumont
布朗热，乔治·埃内斯特	Boulanger, Georges Ernest

C

成吉思汗	Gengiskhan

D

达荷美	Dahomey
达武，路易·尼古拉	Avout, Louis Nicolas d'
大孔代	le Grand Condé
戴维	Davey
丹东，乔治·雅克	Danton, Georges Jacques

德福斯	Desfosse
德格拉热，贝拉尔	des Glajeux, Bérard
德哈考特	Harcourt, d'
德拉吕	Delarue
德穆兰，卡米耶	Desmonlin, Camille
德屈布	Desubes
狄摩西尼	Démosthène
东京（越南）	Tonkin
杜伊勒里宫	Palais des Tuileries

F

法国	France
菲利贝尔	Philibert
费利克斯，朱利安	Félix, Julien
佛祖	Bouddha
佛克罗伊，安托万·弗朗索瓦	Fourcroy, Antoine François
福尔街	Rue de Four
伏尔泰	Voltaire

G

高卢	Gaule
戈贝，弗朗索瓦	Coppée, François
哥伦布，克里斯托弗	Colomb, Christophe
吉约，阿道夫	Guillot, Adolphe

H

赫法尔特，奥古斯特	Gevaert, Auguste
赫拉克利特	Hercule
胡夫金字塔	Pyramide de Khéops
华莱士	Wallace
滑铁卢	Waterloo

J

基内，埃德加	Quinet, Edgar
迦勒底	Chaldée
加里波第，朱塞佩	Garibaldi, Giuseppe
伽利略	Galilée
郊区圣殿大街	Rue du Faubourg-du-Temple
九月屠杀	Massacres de Septembre

K

喀土穆	Kartoum
卡利扎斯	Cazalis
恺撒	César
科迪勒拉山系	Cordillère
科洛-德布瓦，让-马里	Colot-d'Herbois, Jean-Marie
克洛泰尔	Clotaire
库东，乔治	Couthon, Georges

库朗热，甫斯特尔·德　　　　　Coulanges, Fustel de

L

拉丁	Latin
拉马丁，阿尔封斯·德	Lamartine, Alphonse de
拉绍	Lachaud
拉维斯，埃内斯特	Lavisse, Ernest
莱布尼茨，戈特弗里德·威廉	Leibniz, Gottfried Wilhelm
朗盖耶	Langayes
勒鲁瓦-博利厄，皮埃尔·保罗	Leroy-Beaulieu, Pierre Paul
勒南，欧内斯特	Renan, Ernest
雷赛布，费迪南·德	Lesseps, Ferdinand de
里昂	Lyon
谅山	Langson
卢梭，让-雅克	Rousseau, Jean-Jacques
路德，马丁	Luther, Martin
路易十八	Louis XVIII
路易十四	Louis XIV
罗伯斯庇尔，马克西米连·德	Robespierre, Maximilien de
罗马	Rome
洛奈	Launay

M

马达加斯加　　　　　　　　　　Madagascar

马雷，于格-贝尔纳　　　　　Maret, Hugues-Bernard
马塞纳，安德烈　　　　　　　Masséna, André
麦考利，托马斯　　　　　　　Macaulay, Thomas
梅因，亨利　　　　　　　　　Maine, Henry
美国　　　　　　　　　　　　Amérique
缪拉，若阿基姆　　　　　　　Murat, Joachim
摩莱肖特，雅各布　　　　　　Moleschott, Jacob
摩洛　　　　　　　　　　　　Moloch
摩西　　　　　　　　　　　　Moïse
墨西哥　　　　　　　　　　　Mexique
穆罕默德　　　　　　　　　　Mahomet

N

拿破仑三世（夏尔-路易-拿破仑·波拿巴）　　Napoléon III
拿破仑一世（拿破仑·波拿巴）　　Napoléon I
那不勒斯　　　　　　　　　　Naples
奈伊，米歇尔　　　　　　　　Ney, Michel
南尼日尔　　　　　　　　　　Bas Niger
牛顿，艾萨克　　　　　　　　Newton, Isaac
纽斯特里亚　　　　　　　　　Neustrie

P

帕斯卡尔，布莱兹　　　　　　Pascal, Blaise
帕提侬神庙　　　　　　　　　Parthénon

皮阿，费利克斯	Pyat, Félix
普拉德	Prades
普伊	Puy

S

萨拉金堡	Castel-Sarrazin
萨伏那洛拉	Savonarole
塞村	Seix
塞纳省	Seine
色当	Sedan
圣巴托罗缪大屠杀	Massacre de la Saint-Barthélemy
圣保罗	saint Paul
圣女德兰	sainte Thérèse
圣女贞德	Jeanne d'Arc
圣乔治	saint Georges
圣茹斯特，路易·安托万·德	Saint-Just, Louis Antoine de
斯宾塞，赫伯特	Spencer, Herbert
斯布勒	Spuller
斯芬克斯	Sphinx
斯坦利，亨利·莫顿	Stanley, Henry Morton
苏伊士	Suez
索尔费里诺	Solférino
所罗门神庙	Temple de Salomon

T

塔尔德，加布里埃尔	Tarde, Gabriel
塔尔皮亚之岩	Roche Tarpéienne
塔列朗	Talleyrand
泰纳，伊波利特	Taine, Hippolyte
梯也尔，阿道夫	Thiers, Adolphe
提比略	Tibère
帖木耳	Tamerlan
托马斯，布兰登	Thomas, Brandon
陀思妥耶夫斯基	Dostoïewsky

W

旺达姆，多米尼克	Vandamme, Dominique
旺代	Vendée
维多利亚（英国女王）	Victoria
沃尔斯利，加尼特·约瑟夫	Wolseley, Garnet Joseph
沃拉贝勒	Vaulabelle
乌斯特	Oust

X

西盖勒，西皮奥	Sighele, Scipio
西蒙，朱尔	Simon, Jules
夏凡德雷	Chavandrer
谢勒	Schérer

Y

亚历山大（大帝）	Alexandre le Grand
耶和华	Jéhovah
耶稣	Jésus
意大利	Italie
英国	Angleterre
隐士彼得	Pierre l'Ermite
印度	Inde
雨果，维克多	Hugo，Victor
约翰（英国国王）	Jean

Z

| 中国 | Chine |

图书在版编目（CIP）数据

群体心理研究 /（法）古斯塔夫·勒庞（Gustave Le Bon）著；刘芳译. —上海：上海社会科学院出版社，2018
ISBN 978-7-5520-2380-0

Ⅰ.① 群… Ⅱ.① 古… ② 刘… Ⅲ.① 群体心理学－研究 Ⅳ.① C912.64

中国版本图书馆CIP数据核字（2018）第160757号

启蒙文库系启蒙编译所旗下品牌

本书文本、印制、版权、宣传等事宜，请联系：qmbys@qq.com

群体心理研究

著　　者：〔法〕古斯塔夫·勒庞
译　　者：刘　芳
责任编辑：路　晓　唐云松
出 版 人：佘　凌
出版发行：上海社会科学院出版社
　　　　　上海顺昌路622号　　　邮编200025
　　　　　电话总机021-63315900　销售热线021-53063735
　　　　　http://www.sassp.org.cn　E-mail: sassp@sass.org.cn
印　　刷：山东鸿君杰文化发展有限公司
开　　本：890×1240　毫米　1/32 开
印　　张：6.375　插　页：3　字　数：140 千字
版　　次：2018年11月第1版　2018年11月第1次印刷

ISBN 978-7-5520-2380-0/ C·170　　　　　定价：35.00元

版权所有　翻印必究

读者联谊表

（请发电邮索取电子文档）

姓名：　　　　年龄：　　　　性别：　　　　宗教或政治信仰：

学历：　　　　专业：　　　　职业：　　　　所在市或县：

邮箱＿＿＿＿＿＿＿＿＿QQ＿＿＿＿＿＿＿＿手机＿＿＿＿＿＿＿

所购书名：＿＿＿＿＿＿＿＿在网店还是实体店购买：＿＿＿

本书内容：满意　一般　不满意　　本书美观：满意　一般　不满意

本书文本有哪些差错：

装帧、设计与纸张的改进之处：

建议我们出版哪类书籍：

平时购书途径：实体店　　　网店　　　其他（请具体写明）

每年大约购书金额：　　　　藏书量：　　　本书定价：贵　不贵

您认为纸质书与电子书的区别：

您对纸质书与电子书前景的认识：

是否愿意从事编校或翻译工作：　　　　愿意专职还是兼职：

是否愿意与启蒙编译所交流：　　　　是否愿意撰写书评：

凡填写此表的读者，可六八折（包邮）购买启蒙编译所书籍。
本表内容均可另页填写。本表信息不作其他用途。

电子邮箱： qmbys@qq.com

启蒙编译所简介

启蒙编译所是一家从事人文学术书籍的翻译、编校与策划的专业出版服务机构，前身是由著名学术编辑、资深出版人创办的彼岸学术出版工作室。拥有一支功底扎实、作风严谨、训练有素的翻译与编校队伍，出品了许多高水准的学术文化读物，打造了启蒙文库、企业家文库等品牌，受到读者好评。启蒙编译所与北京、上海、台北及欧美一流出版社和版权机构建立了长期、深度的合作关系。经过全体同仁艰辛的努力，启蒙编译所取得了长足的进步，得到了社会各界的肯定，荣获新京报、经济观察报、凤凰网等媒体授予的年度译者、年度出版人、年度十大好书等荣誉，初步确立了人文学术出版的品牌形象。

启蒙编译所期待各界读者的批评指导意见；期待诸位以各种方式在翻译、编校等方面支持我们的工作；期待有志于学术翻译与编辑工作的年轻人加入我们的事业。

联系邮箱：qmbys@qq.com

豆瓣小站：https://site.douban.com/246051/